ÉCOLE CHORALE.

Musique typographique

DE TANTENSTEIN ET CORDEL,

90, rue de la Harpe.

IMPRIMERIE DE MOQUET ET COMP.,
90, rue de la Harpe.

ÉCOLE
CHORALE,

CONTENANT

LA GRAMMAIRE MUSICALE,
LA THÉORIE DES ACCORDS, LE CONTREPOINT,
L'IMITATION, LA FUGUE, ETC.,

ET FAISANT SUITE

A L'ABÉCÉDAIRE DE CHANT, A LA MÉTHODE DE CHANT POUR LES ENFANTS,
ET A CELLE POUR VOIX D'HOMMES,

PAR

Joseph Mainzer.

PARIS,
CHEZ TANTENSTEIN, ÉDITEUR,
32, RUE DE LA HARPE;
ET CHEZ PITOIS-LEVRAULT ET Cᵉ, RUE DE LA HARPE, Nº 81.

1839.

Après avoir écrit une Méthode de Chant, qui a pour objet l'enseignement élémentaire tel qu'il doit être dans les écoles primaires et les colléges, il me restait à compléter mon travail par un ouvrage qui traitât cette branche de la musique dans toute sa spécialité.

L'*Ecole Chorale* s'adresse donc directement à ceux qui font de la musique une étude grave et sérieuse.

Ce n'est, selon moi, qu'en donnant un enseignement fondamental que l'on peut arriver à des résultats prompts et durables.

Ainsi, le chant étant regardé comme la base de toute musique, la théorie, les principes de cet art ne peuvent pas être exclus de l'enseignement du chant.

Il était difficile, toutefois, en donnant avec la grammaire musicale une théorie des accords, un aperçu du contrepoint, de l'imitation, de la fugue, du canon, il était difficile de s'arrêter à propos : en dépassant la limite que je me suis tracée, j'aurais donné trop de théorie pour le chanteur et pas assez pour celui qui veut étudier la composition.

Ce que j'ai dit ici des accords est donc suffisant pour donner à l'élève une idée nette et précise de la combinaison des sons, car il faut qu'il puisse se rendre compte de l'harmonie qui sert de base à la mélodie qu'il est appelé à exécuter.

Mon intention n'était pas de donner un traité de la composition, du contrepoint, de l'imitation; mais j'exige d'un véritable chanteur qu'il sache ce qu'on entend par ces dénominations, qu'il connaisse la construction de la fugue, composition qui est la plus élevée de l'art et la plus difficile à exécuter.

Je répète ici ce que j'ai dit dans la préface de ma *Méthode pour voix d'hommes* au sujet des mots *Amen*, *Alleluia*, *Hosanna*, dont je me suis servi fréquemment pour les exercices : Je les ai adoptés de préférence à cause de leurs syllabes qui se prêtent mieux que celles des mots français à une prononciation pleine et ronde. Quant au texte latin des exercices de chant figuré, imité ou fugué, j'ai cru ne devoir rien changer aux morceaux empruntés à Marcello, à Casali, à Durante et à Caldara. Ce genre de composition étant principalement en usage dans la musique sacrée, j'aurais cru le profaner en y substituant des paroles mondaines, qui auraient fait un contraste choquant avec la sévérité du style.

JOSEPH MAINZER.

TABLE DES MATIÈRES.

PREMIÈRE PARTIE.

GRAMMAIRE MUSICALE.

DEUXIÈME PARTIE.

THÉORIE DES ACCORDS. — CHANT FIGURÉ.

FIN DE LA TABLE DES MATIÈRES.

ÉCOLE CHORALE.

PREMIÈRE PARTIE.

GRAMMAIRE MUSICALE.

§ 1. — DE L'ART.

L'ART est le résultat de l'inspiration. La condition essentielle de l'ART est de se manifester par une *œuvre*. Toute œuvre produite dans un but déterminé, pour satisfaire à telle ou telle exigence matérielle, à telle ou telle nécessité de convention, appartient à la classe des *arts mécaniques*. L'œuvre qui est, au contraire, le résultat d'une création libre et indépendante, qui se suffit à elle-même, qui, dans cet isolement complet, révèle une idée élevée, correspond à un intérêt intellectuel, doit être rangée dans la catégorie des *beaux arts*. Il faut que cette œuvre, pour entrer dans le domaine des beaux arts, reproduise les affections les plus intimes de l'ame, les mouvements les plus secrets du cœur humain, sous de belles formes extérieures qui leur soient analogues. Des idées profondes, un but noble et un intérêt élevé seront ici des conditions indispensables, car l'homme est un être doué d'une nature mi-sensuelle, mi-intellectuelle, qui ne saurait tirer des jouissances vraies et durables des productions purement matérielles.

§ 2. — DE LA MUSIQUE.

Les beaux arts sont plus ou moins aisément compris, selon que les matériaux mis en œuvre par l'artiste sont plus ou moins appréciables par nos sens. C'est ainsi que la sculpture et la peinture nous apparaissent toujours sous des formes extérieures. Le peintre, le sculpteur offrent à nos yeux la représentation d'un homme, d'un arbre ou de tout autre objet matériel pris dans la nature. La poésie a déjà un effet moins direct sur nos sens par la nature des matériaux qu'elle met en usage. Cependant la poésie est un langage dont toutes les expressions nous sont connues. En lisant l'œuvre du poète, nous savons à l'instant et avec certitude ce qu'il a voulu nous dire. Mais la musique, quelle différence! Le musicien n'a pas d'autres matériaux à sa disposition que des sons, des sons que l'air emporte et qui meurent aussitôt sans laisser aucune trace. Cet art ne s'appuie sur la représentation d'aucune des productions de l'ordre physique; son pouvoir si fort, si universel, il l'exerce sans revêtir aucune forme, toujours caché sous un voile magique qui le rend inaccessible à tous les regards. La musique est donc parmi tous les arts le plus mystérieux et le plus difficile à comprendre; il n'y a que l'ame, que le cœur de l'homme qui puissent la saisir, car elle n'a aucun point d'appui dans les objets extérieurs du monde physique.

§ 3.

DE LA MATIÈRE DE LA MUSIQUE.

Les matériaux du musicien se bornent donc à des sons; c'est avec eux qu'il compose son tableau musical. Ils sont pour lui ce que les couleurs sont pour le peintre, ce que les mots sont pour le poète, ce que le marbre est pour le sculpteur. En effet, quand le poète veut communiquer aux autres hommes ses pensées et ses sentiments, il commande aux mots de s'arranger en phrases et à celles-ci de s'arrondir en périodes; de même aussi, à l'ordre du musicien, les sons viennent se grouper en phrases musicales, qui, à leur tour, forment des morceaux de musique où nous trouvons exprimés les sentiments et les pensées de l'auteur.

En observant ce qu'est le son, nous verrons clairement quel doit être le rôle de la musique. Le son est le moyen le plus naturel pour exprimer les affections intimes et les impressions de l'ame en général; la musique considérée comme art doit, en conséquence, se restreindre à la peinture des sentiments et des passions. Plus elle s'écarte de ce but, plus elle cherche à revêtir des formes extérieures pour peindre des objets visibles, plus aussi elle s'éloigne de son véritable caractère, plus enfin elle perd de son importance. La musique descriptive, la peinture au moyen des notes sont tout-à-fait en opposition avec les principes de l'art musical. C'est du cœur que part l'expression vraie d'un sentiment profond, et si le musicien a été réellement inspiré, ses idées pénétreront dans l'ame de ses auditeurs pour y éveiller les impressions dont lui-même aura été affecté. Par une admirable et mystérieuse connexité qui existe entre le cœur et l'oreille de l'homme, tout sentiment, toute passion, toute disposition de l'ame peut être traduite par des sons. Ainsi, joie, douleur, tendresse, haine, dévotion, crainte, espérance, chacun de ces divers sentiments trouve un interprête dans des combinaisons de sons analogues, qui expriment merveilleusement leurs nuances les plus diverses, et se transportent avec la rapidité de l'étincelle électrique d'une ame à l'autre.

§ 4.

MUSIQUE VOCALE ET INSTRUMENTALE.

Les sons usités dans la musique ne peuvent être produits que par des instruments ou par la voix humaine.

On appelle les instruments dont on se sert pour rendre des sons des *instruments musicaux.* On les divise :

1° En *instruments à cordes*, comme le *violon*, l'*alto*, le *violoncelle*, la *contrebasse*, la *harpe*, la *guitare*, etc. ;

2° En *instruments à vent*, tels que le *hautbois*, la *flûte*, la *clarinette*, le *basson*, l'*ophycléïde*, le *cor*, la *trompette*, le *trombonne*, etc. ;

3° En *instruments à clavier*, comme l'*orgue*, le *piano* ;

4° En *instruments à percussion*, comme les *timballes*, le *tambour*, les *cymbales*, etc.

On appelle *orchestre* la réunion des instruments à cordes, à vent et même à percussion pour l'exécution des morceaux de musique.

On donne improprement le nom de *musique d'harmonie* à celle qui, sans le secours des instruments à cordes, exécute, comme les musiques militaires, seulement avec les instruments à vent.

La musique produite par ces divers instruments est appelée *musique instrumentale.*

Celle produite par les sons de la voix humaine, et principalement s'ils sont accompagnés par des paroles, s'appelle *musique vocale*, *musique de chant*, ou simplement *chant.*

Le chant et la musique instrumentale peuvent se réunir de façon que les sons produits par les voix d'un ou de plusieurs chanteurs et par les instruments exécutent le même morceau.

§ 5.

DE LA MÉLODIE ET DE L'HARMONIE.

On distingue dans la musique deux manières d'employer les sons : successivement et simultanément.

Si des sons apparaissant l'un après l'autre expriment une pensée musicale, on appelle cette réunion de sons *mélodie*. Chaque série de sons, quoique donnés successivement, ne forme pas une mélodie ; il faut qu'il y en ait plusieurs et que la connexion entre eux soit sensible.

L'apparition simultanée de deux sons ou plus, composée selon les règles de l'art, s'appelle *harmonie*.

De même que plusieurs sons successifs ne constituent pas toujours une mélodie, chaque réunion de sons produits simultanément ne peut pas former une harmonie. Des sons pris au hasard ne composent ni l'une ni l'autre ; il faut qu'une pensée préside à cet assemblage de sons, soit pour la formation de la mélodie, soit pour celle de l'harmonie.

§ 6.

DÉNOMINATION DES SONS.

Depuis le son le plus bas que notre oreille soit susceptible de distinguer jusqu'à celui qui est le plus haut, il y en a une série innombrable ; mais la musique ne fait pas usage de tous les sons que cette échelle comprend, même chaque son qu'elle emploie ne porte pas une dénomination spéciale. En France et en Italie, on se sert de sept syllabes : *ut* ou *do*, *ré*, *mi*, *fa*, *sol*, *la* et *si*. En Allemagne on emploie sept lettres de l'alphabet qui leur correspondent dans l'ordre suivant : *c*, *d*, *e*, *f*, *g*, *a*, *h*. Ces dénominations se répètent dans le même ordre, depuis la note la plus basse jusqu'à la plus élevée.

Ainsi, on désigne par la dénomination *ut* un son d'une certaine élévation, de même par celle de *ré*, *mi*, *fa*, etc. Par ce moyen, chaque son est distingué d'une manière précise d'un autre. L'élévation d'*ut* n'est pas celle de *ré*, l'élévation de *ré* n'est pas la même que celle de *mi*, etc.

Moyennant ces désignations, on peut représenter tous les sons dont on se sert dans l'art musical tel que nous le connaissons.

§ 7.

DES TONS ET DES DEMI-TONS NATURELS.

Dans la série des sons telle que nous venons de la donner, chacun est distant d'un degré de celui qui le précède ou de celui qui le suit. *Ut* est donc distant d'un degré de *ré*; *ré* l'est d'autant de *mi*; de même que *mi* de *fa*. Mais ces degrés ne sont pas toujours les mêmes : l'un, le plus grand, est appelé *ton entier*; l'autre, *demi-ton*.

Il faut bien remarquer que lorsqu'on parle de *demi-ton* ou de *ton entier* il ne peut pas être question d'une note prise isolément, car chaque ton à lui seul est un ton entier ; cela se comprend toujours relativement à une note qui suit ou qui précède. On se sert de ces expressions *ton entier* ou *demi-ton* pour désigner la distance d'un ton à l'autre.

Il y a dans la série des notes *ut, ré, mi, fa, sol, la, si, ut,* ou des syllabes qui leur correspondent, seulement deux *demi-tons,* savoir : celui de *mi* à *fa,* et celui de *si* à *ut.*

Tous les degrés qui séparent les autres notes sont grands, et par conséquent des *tons entiers.* Ainsi, ceux d'*ut* à *ré*, de *ré* à *mi*, de *fa* à *sol,* de *sol* à *la*, et de *la* à *si* sont des *tons entiers.* Il y a donc entre l'*ut* et l'*ut* cinq tons entiers et deux demi-tons.

La différence des uns aux autres se conçoit facilement quand on donne avec attention, soit en chantant, soit sur un instrument, la série des notes :

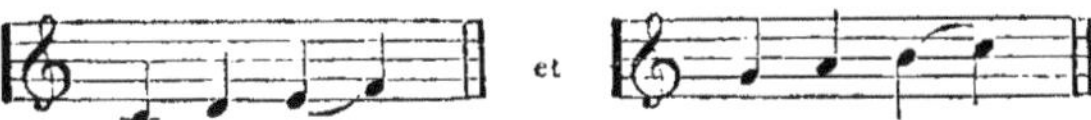

Pour mieux indiquer les demi-tons, je me sers, dans le courant de cet ouvrage, d'une liaison ⁀.

Que si l'on demandait pourquoi la distance de *si* à *ut*, celle de *mi* à *fa* ne sont pas aussi grandes que celle de *fa* à *sol*, par exemple, c'est une question sur laquelle il est impossible de satisfaire entièrement ; la seule explication que l'on puisse en donner c'est que, dans l'échelle naturelle des sons, notre oreille exige cette différence. En chantant *ut, ré, mi, fa,* nous chantons involontairement la distance de *mi* à *fa* moins grande que celle d'*ut* à *ré* ou de *ré* à *mi*. En commençant à chanter de *sol : sol, la, si, ut*, la même chose arrive du troisième au quatrième degré, de *si* à *ut.*

Puisque cela nous vient involontairement, il faut donc que la cause soit dans la nature des sons et dans l'impression qu'ils produisent sur l'ouïe; or, comme l'oreille seule est juge en fait de sons, ce sont les exigences de l'oreille qui servent de base à toutes les règles de la musique.

§ 8. — DES DEMI-TONS DÉRIVÉS.

Comme nous l'avons vu dans le § précédent, il y a deux demi-tons et cinq tons entiers entre *ut* et son octave. Outre ces deux demi-tons qui se trouvent dans cette série, il y a encore d'autres demi-tons qu'on peut placer entre les tons entiers. Ces demi-tons sont dérivés ou de la note précédente ou de celle qui suit, et se placent à égale distance de l'une et de l'autre [1].

De cette façon, toute la distance d'un *ut* à l'autre, ou toute l'octave, est divisée en demi-tons. On peut représenter d'une manière bien claire cette échelle de sons par la figure suivante :

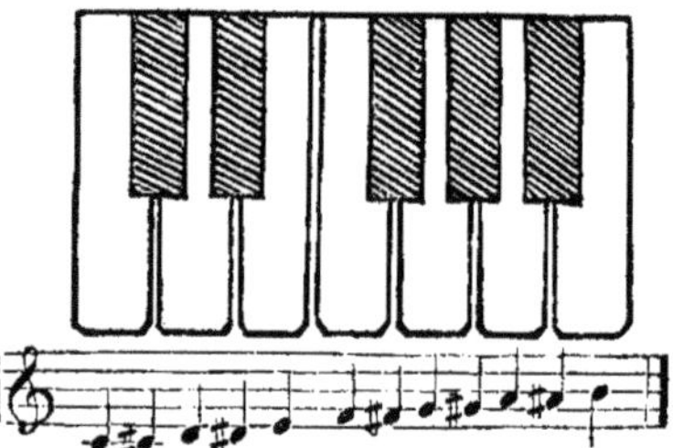

Dans cette série de sons, celui qui est le plus bas est aussi éloigné du second que le second l'est du troisième.

Comme la construction des octaves suivantes n'est que la reproduction de celle qui précède, on arrive, en répétant la même série, à représenter toutes les octaves qui composent notre système de sons, et la figure qu'on aura formée représentera exactement le clavier de nos pianos modernes qui contiennent tous les sons dont nous nous servons dans la langue musicale, et où chaque touche, comme les sons de l'octave, est distante d'un demi-ton de la touche suivante.

Avant de donner la division en octaves de cette échelle musicale, je dois la faire précéder par quelques paragraphes indispensables pour me faire comprendre.

(1) Dans l'acoustique, il y a une différence entre les demi-tons naturels et les demi-tons artistiques; mais comme cette différence n'existe que pour le mathématicien, et qu'elle échappe à notre oreille, il n'en peut pas être question dans la pratique musicale.

§ 9. — DES CLEFS.

Pour indiquer la hauteur des sons sans recourir à un trop grand nombre de lignes supplémentaires, on se sert des *clefs*.

Je suppose à l'élève qui étudie la présente méthode une parfaite connaissance de la clef de *sol*, ainsi je n'en parlerai pas ici.

Que si l'on veut représenter des sons très bas, on ne le peut que difficilement avec cette clef; outre que l'on ne distinguerait qu'avec peine une note de l'autre, cela ralentirait aussi la lecture et la rendrait fatigante. On a donc recours à une autre clef, la *clef de basse* :

Cette clef se trouve sur la quatrième ligne. On l'appelle *clef de basse* parce qu'elle sert pour indiquer les sons les plus bas de la voix humaine, ou les sons produits par les instruments de basse. On la nomme aussi *clef de fa* parce qu'elle indique que le *fa* se trouve sur la ligne où elle est posée.

Le son du même *fa* est représenté par la clef de *sol* de la manière suivante :

Au moyen de ces deux clefs, celle de *sol* et celle de *fa*, on peut représenter tous les sons de toutes les octaves dont on se sert en musique; l'on n'a qu'à réunir deux portées, l'une avec la clef de *sol*, l'autre avec la clef de *fa*.

§ 10. — DES CLEFS D'UT.

Quoique l'on puisse avec les deux clefs de *fa* et de *sol* représenter tous les sons musicaux, et que leur connaissance suffise entièrement pour la lecture de la musique et son étude la plus approfondie, il y a néanmoins une troisième clef en usage, la clef d'*ut*. Autrefois on ne se servait presque que de celle-là, et aujourd'hui encore la majeure partie des compositeurs l'emploient; mais, pour l'exécution musicale, elle disparaîtra peu à peu entièrement.

On désigne la *clef d'ut* de cette manière : . La *clef d'ut* donne à la ligne sur laquelle on la pose le nom d'*ut*, et la hauteur du son :

Cette clef se trouve sur chacune des quatre premières lignes de la portée :

Si elle est posée sur la première ligne, elle s'appelle la *clef de soprano*; elle est destinée à écrire pour les voix les plus hautes entre les voix de femme et d'enfant (voix de *soprano*).

Sur la seconde ligne, on la nomme *clef du mezzo* (demi) *soprano*. Elle sert, ou plutôt elle servait autrefois, à écrire pour les voix moyennes, c'est-à-dire ni trop hautes, ni trop basses, parmi les voix de femme ou d'enfant. Dans l'écriture actuelle de la musique, elle n'est plus en usage, mais on la rencontre dans presque toutes les anciennes compositions d'église.

Placée sur la troisième ligne, elle sert aux voix de *contralto*, c'est-à-dire les voix les plus basses entre les voix de femme ou d'enfant. On l'appelle de là *clef d'alto* ou *de contralto*. On l'emploie aussi pour les parties d'*alto* et le trombonne-*alto*.

Enfin se trouve-t-elle sur la quatrième ligne, elle devient *clef de ténor*. On l'emploie pour les voix les plus hautes parmi les voix d'homme (voix de *ténor*). Elle sert en outre pour écrire les parties de violoncelle, de basson et de trombonne-*ténor*.

Actuellement on se sert souvent de la clef de *sol* pour remplacer celle d'*ut*. Pour les solo de *soprano* la clef de *sol* est même préférable. Ces voix, montant souvent bien au-delà de la portée, nécessiteraient pour les écrire dans la clef d'*ut* beaucoup plus de lignes supplémentaires que dans la clef de *sol*.

Les voix de *contralto* même s'écrivent mieux avec la clef de *sol*, car il est rare qu'elles descendent au-delà du *sol*, et encore ne s'arrêtent-elles pas long-temps sur des sons si bas.

La clef de *sol* s'emploie en outre pour le violon, la flûte, le hautbois, la clarinette, le cor, la trompette et le piano-forte.

En général, on se sert maintenant de la clef de *sol*, même quand on écrit pour des voix d'homme ; c'est un abus qui est tout au plus tolérable quand on n'écrit que pour des voix d'homme seulement, car lorsqu'elles sont mêlées, comme cela arrive dans les partitions, avec des voix de *soprano* et de *contralto*, cette clef ne sert qu'à induire en erreur l'élève sur la différence des clefs et la hauteur des sons indiqués par elles.

Le son *ut* dans la clef de ténor est égal à celui de la clef de *sol*. Or donc, si l'on voulait exprimer le passage :

qui appartient aux sons moyens de la voix de ténor, il faudrait l'écrire comme suit :

et non comme on le fait toujours :

car ces notes dans la clef de ténor sont égales à :

Selon un tel système, on écrit des passages comme celui-ci :

de la manière suivante :

D'après ces exemples, entièrement faux, on comprendra combien il est difficile de faire concevoir à l'élève que la voix de ténor qui vient de chanter les notes *sol, sol, fa, mi,* a chanté une sixte plus bas que la voix de *soprano*, puisqu'au contraire, suivant la notation, il aurait chanté une tierce plus haut, ce qui cependant, d'après la nature de la voix d'homme, n'est guère possible.

La clef de *fa* est bien préférable pour les voix d'homme, à moins que le chanteur ne soit bien persuadé qu'en chantant selon la clef de *sol* chaque son produit par sa voix est d'une octave plus bas que le même son rendu par une voix d'enfant ou une voix de femme.

De même que l'on rencontre la clef d'*ut* en différentes positions, de même la clef de *sol* et celle de *fa* changent de place. On trouve, par exemple, la clef de *sol* aussi sur la première ligne : mais, quoiqu'elle soit convenable pour les passages élevés et qu'elle rende les lignes supplémentaires plus rares, on ne s'en sert cependant presque plus.

La clef de *fa* se rencontre aussi sur la troisième ligne : alors elle est destinée à la voix qui n'atteint pas la hauteur des voix de *ténor*, ni qui ne descend pas autant que les voix de basse et qu'on appelle *baryton;* elle est entre les voix d'homme ce que le *mezzo soprano* est entre les voix de femme. On ne trouve ces deux clefs que dans la musique d'église des XVe, XVIe et XVIIe siècles. Pour rendre plus claire la hauteur des sons des différentes clefs, et pour mieux frapper la mémoire de l'élève, je choisis une note pour la représenter dans toutes les diverses clefs usitées ; par exemple, *ut*. Cet *ut* se montre dans les différentes clefs comme ci-après :

§ 11. — DES OCTAVES.

Tout notre système musical se divise, ainsi que je l'ai expliqué dans le paragraphe précédent, en *octaves*.

On a adopté comme point de départ de chaque octave la note *ut*. Une octave embrasse, par conséquent, tous les sons *ut*, *ré*, *mi*, *fa*, *sol*, *la* et *si* avec les demi-tons dérivés. Avec l'*ut* suivant commence une autre octave.

Pour reconnaître plus exactement toutes les différentes octaves, depuis la note la plus basse jusqu'à celle qui est la plus élevée, il faut donner à chacune un nom distinctif.

On voit par cette désignation de l'octave que ce mot est adopté dans les termes techniques sous une double acception : 1° comme intervalle de huit notes, ainsi que l'on appelle la distance de *ut* à *ut*, de *ré* à *ré*, de *mi* à *mi*, etc., d'un diapason plus haut ou plus bas (voir *Méthode de Chant pour les Enfants*, page 9) ; 2° dans le sens ci-dessus où le mot *octave* signifie mesure pour diviser en égales fractions notre échelle musicale. Dans ce sens le mot *octave* est toujours employé pour le même intervalle d'*ut* à *ut*. Aucune autre note ne pourrait servir de point de départ.

Les diverses dénominations dont on se sert pour désigner la hauteur des différentes octaves sont : *grande octave, petite octave, octave de dessus, deuxième octave de dessus, troisième octave de dessus*, etc. Ou en notes :

L'octave qui est plus bas que la grande octave s'appelle la *contre-octave*. Les sons de cette contre-octave ne sont exécutables que par l'orgue, le piano, la contre-basse et le contre-basson. Les sons de la grande et de la petite octave appartiennent à la voix d'homme, au violoncelle, au basson, au trombonne, au cor. L'octave de dessus et la deuxième octave de dessus conviennent aux voix de femme et d'enfant, et à la trompette, à la clarinette, au hautbois, à la flûte, au violon, etc.

Le piano seul embrasse toutes les octaves ou tous les sons de notre système musical depuis les plus bas jusqu'aux plus hauts. Tout ce qui dépasse ces bornes, soit en haut, soit en bas, n'est plus saisissable par notre oreille. Le domaine de la musique cesse quand les sons ne sont plus clairs, distincts.

L'*ut* qui se trouve d'une octave plus bas que l'*ut* de la contre-octave est le son le plus bas de l'échelle musicale. Tout ce qui dépasse cette limite n'est plus qualifiable en musique. Du reste, on ne rencontre ce son que dans de grandes orgues où sa place est dans la pédale et comme tuyau de trente-deux pieds.

Cette manière de distinguer les octaves est celle adoptée en Allemagne. En France, on n'a pas de noms pour la différente hauteur des notes, quoique chaque musicien, surtout le maître, doive par là se trouver arrêté à chaque pas. Il faut qu'il prenne un instrument pour indiquer avec précision une note quelconque de telle ou telle octave. Si j'ai blâmé ailleurs la prodigalité des dénominations introduites en musique, je dois ici en combattre la pauvreté et agrandir la langue musicale des mots qui me semblent indispensables. C'est une difficulté de plus, je l'avoue, mais elle est utile pour bien éclairer l'élève sur la matière de l'art auquel il se voue, et sur le diapason des différentes voix, dont si peu de musiciens savent se rendre un compte exact.

§ 12.

DE L'ÉTENDUE DES VOIX HUMAINES.

Après avoir divisé l'échelle musicale en octaves d'un diapason différent, il nous reste à démontrer à quel diapason de cette échelle appartiennent les voix humaines et quelle est leur étendue.

Pour pouvoir écrire les sons propres à chaque voix dans les lignes de la portée, on se servait (à cause de la différence de l'étendue de la voix humaine) de différentes clefs.

Nous pourrions donc déjà, par la position des clefs, connaître à peu près l'étendue de chaque voix. Ainsi, par exemple, en employant la clef d'*ut*, sa position plus ou moins élevée sur la portée nous indique de suite quelle étendue doit avoir la voix qui s'en sert.

La clef de *soprano* repose sur la première ligne, parce que l'*ut* qui, selon cette clef, est de même placé sur cette ligne, est le ton le plus bas de cette voix. Toutes les autres notes doivent donc tomber sur la portée, et l'on n'aura besoin pour écrire que de très peu de lignes supplémentaires. L'étendue générale de la voix de *soprano* est :

Les sons de la voix d'alto sont les mêmes que les sons moyens de la voix de soprano; mais au lieu des sons aigus de cette dernière la voix d'alto possède quelques notes graves de plus. Pour représenter ces sons bas sans avoir besoin de trop de lignes supplémentaires, on a placé cette clef quelques lignes plus haut. Les sons de la voix d'alto se trouvent donc sur les lignes de la portée. Son étendue est

La voix de ténor ne va pas beaucoup plus haut que l'*ut,* mais étant plus basse d'une octave, on a posé cette clef dans la quatrième ligne, afin que les sons moyens de cette voix se trouvent encore sur les lignes de la portée. Voici son étendue :

Les sons de la voix de basse descendant encore davantage, il aurait fallu, en se servant de la même clef d'*ut,* la placer plus haut et même au-delà de la cinquième ligne. Au lieu de cela, on emploie pour cette voix une autre clef, la clef de *fa*, qui place le *fa* sur la quatrième ligne et l'*ut* au-delà de la cinquième ; son étendue est :

En se servant des deux clefs de *sol* et de *fa*, on peut représenter l'étendue des quatre différentes voix humaines par le tableau suivant :

L'étendue de la voix de *soprano* est donc la même que celle de la voix de *ténor*; l'étendue de la voix d'*alto* la même que celle de la voix de *basse*, en observant pourtant cette différence que les sons des voix de soprano et d'alto sont d'une octave plus hauts que ceux des voix de ténor et de basse.

Il y a donc deux différentes sortes de voix humaines : voix d'homme et voix de femme, ou, ce qui est la même chose, voix d'enfant. La voix élevée parmi les hommes s'appelle *ténor*, et chez les femmes et les enfants *soprano*; la voix basse chez les hommes s'appelle voix de *basse*, et *alto* parmi les voix de femmes. Cette classification comprend toutes les voix existantes. Ce sont là les bases de l'étendue des voix en général telles qu'on les trouve employées dans les chœurs; mais les bornes de chaque voix indiquées ci-dessus sont souvent outrepassées individuellement, soit dans le haut, soit dans le bas; et de même qu'il y a des voix de femmes qui non seulement ont toute l'étendue des voix de soprano et d'alto, mais possèdent encore des sons au-delà des deux extrêmités indiquées, de même aussi certaines voix d'hommes qui réunissent les deux qualités de la voix de ténor et de celle de basse atteignent encore au-delà des limites indiquées plus haut.

On distingue alors ces nuances en les désignant par les noms de *soprano aigu* et *mezzo-soprano* (soprano moyen); de *haut ténor*, ou *ténor aigu*, et de *ténor grave*. Une voix qui n'est ni assez élevée pour être classée comme ténor ni assez grave pour l'être comme basse s'appelle *baryton*. Mais ce sont des exceptions, des spécialités d'individus. En général, la division des voix se borne aux quatre suivantes : *soprano* et *alto* pour les femmes et les enfants, *ténor* et *basse* pour les hommes.

§ 15.

DES INTERVALLES.

On appelle *intervalle* en musique la distance qui sépare deux notes quant à leur élévation. Cette distance se calcule de bas en haut, et les noms des intervalles sont basés sur le nombre de degrés qu'ils embrassent. Dans le calcul des degrés, on comprend toujours les deux sons dont on veut trouver la distance. Toute note considérée isolément s'appelle *prime*, et deux sons de pareille élévation forment l'unisson. Voici les noms des différents intervalles :

Du 1er degré au 2e on a l'intervalle de *seconde*.
— 3e — *tierce*.
— 4e — *quarte*.
— 5e — *quinte*.
— 6e — *sixte*.
— 7e — *septième*.
— 8e — *octave*.
— 9e — *neuvième*.

On peut aussi considérer la neuvième comme une seconde et la dixième comme une tierce, parce que du moment que l'octave se trouve franchie, on reprend les mêmes dénominations, comme à partir de la prime. Ainsi, dans cet exemple :  on trouve une quinte aussi bien que dans celui-ci :

En observant avec attention la distance des notes de la gamme, on verra aisément qu'il y a des intervalles qui, bien que portant le même nom, ne sont cependant pas entièrement semblables entre eux. En effet, dans la série naturelle des sons, il s'en présente de deux espèces différentes.

Ainsi, par exemple, *ut* et *ré* forment un intervalle de seconde, et il en est de même de *mi* et *fa*; on sait déjà qu'il n'y a qu'un demi-ton de *mi* à *fa*, tandis que nous avons un ton entier entre *ut* et *ré*. *Ut-mi* et *la-ut* forment deux tierces; mais *la-ut* contient un demi-ton de moins que *ut-mi*. *Ut-fa* et *fa-si* sont deux quartes, seulement la dernière contient un demi-ton de plus que la première. C'est ainsi que dans la série des sons naturels on trouve des quintes, des sixtes et des septièmes de différentes natures.

Or, pour pouvoir distinguer avec précision les différences des intervalles qui sont désignés par un seul et même nom, on se sert des expressions suivantes : *juste*, *majeure* et *mineure*.

On donne le nom de justes à la prime, à la quarte, à la quinte et à l'octave.

Les dénominations de majeures et mineures s'appliquent à la seconde, à la tierce, à la sixte et à la septième.

Il y a donc des secondes, des tierces, des sixtes et des septièmes majeures ou mineures. Les majeures contiennent toujours un demi-ton de plus que les mineures

La seconde mineure	contient	un demi-ton.
La seconde majeure	—	un ton entier.
La tierce mineure	—	un ton et demi.
La tierce majeure	—	deux tons entiers.
La sixte mineure	—	trois tons entiers et deux demi-tons.
La sixte majeure	—	quatre tons entiers et un demi-ton.
La septième mineure	—	quatre tons entiers et deux demi-tons.
La septième majeure	—	cinq tons entiers et un demi-ton.

Les exemples suivants contiennent toutes les secondes, tierces, sixtes et septièmes majeures ou mineures qui se présentent dans la série des sons naturels.

Avant de passer à un autre sujet d'étude, le commençant devra se familiariser avec ces exercices, de manière à pouvoir distinguer avec sûreté et promptitude, non seulement une seconde d'avec une tierce, une tierce d'avec une quarte, etc., mais encore la différence qui existe entre les intervalles majeurs et les intervalles mineurs.

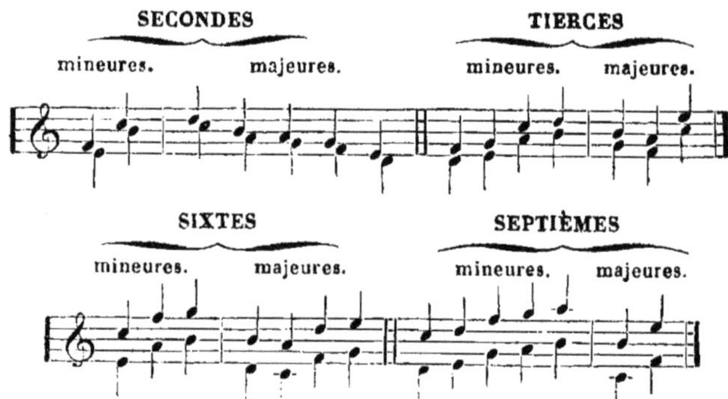

On peut multiplier ces exemples au moyen des signes d'altération, c'est-à-dire transformer les intervalles majeurs en intervalles mineurs et *vice versâ*. Si, par exemple, dans un intervalle mineur on élève d'un demi-ton la note supérieure, cette note se trouvera par là éloignée d'un demi-ton de la note la plus basse; l'intervalle devient donc plus grand d'un demi-ton, et par conséquent le mineur se transforme en majeur. Il en sera de même si l'on abaisse d'un demi-ton la note la plus basse.

Si au contraire, dans un intervalle majeur, on élève d'un demi-ton la note inférieure, l'intervalle se trouvera diminué d'un demi-ton, et par suite, de majeur deviendra mineur. On obtient le même résultat en abaissant d'un demi-ton la note supérieure.

Le professeur devra exercer les élèves sur ces exemples avec toutes leurs modifications possibles.

Que l'on élève ou abaisse à la fois, et dans la même proportion, les deux notes d'un intervalle, il reste absolument le même quant à son étendue. En effet, les deux notes suivent une seule et même direction, et autant l'intervalle se trouve augmenté par l'un des signes d'altération, autant aussi il se trouve diminué par l'autre signe; l'intervalle reste donc exactement aussi étendu qu'auparavant. Ainsi, s'il est reconnu que *ré—fa* représente une tierce mineure, il en sera de même de *ré* dièse et de *fa* dièse, de *ré* bémol et de *fa* bémol, de *ré* double dièse et de *fa* double dièse, etc.

Une foule d'exemples se présentent tout naturellement si à chacune des notes extrêmes, formant les intervalles contenus dans le premier tableau, on a soin d'ajouter le même signe d'altération.

Il faut surtout remarquer ici que les signes d'altération ne changent jamais rien au nom principal de l'intervalle. Il n'y a aucun signe d'altération au moyen duquel on puisse transformer une tierce en seconde, une quarte en quinte, etc. Par l'emploi des signes, on peut bien obtenir une tierce d'une nature différente, mais enfin ce sera toujours une tierce; il en est de même des autres intervalles, comme je l'ai déjà dit précédemment. Si donc on rencontre un intervalle qui paraisse embrouillé par les signes, on n'aura qu'à chercher quel serait cet intervalle si les signes ne l'accompagnaient pas; si par exemple, sans eux, il serait tierce majeure ou mineure, etc. Une fois ce point éclairci, on regarde seulement si les signes d'altération ont rendu l'intervalle plus grand ou plus petit, et dans quelle proportion. C'est alors qu'on applique la dénomination de *majeur* ou de *mineur*.

J'ai dit plus haut que les quartes et les quintes ne sont pas distinguées sous la dénomination de *majeure* ou de *mineure*. Une quarte composée de deux tons entiers et d'un demi-ton, et une quinte avec trois tons entiers et un demi-ton, s'appellent quarte ou quinte *juste*.

Remarque. Dans quelques traités de musique, la *quarte juste* s'appelle *petite quarte*, et la *quinte juste* reçoit aussi le nom de *grande quinte*.

Les quartes et les quintes plus grandes que les quartes et les quintes justes se nomment quartes et quintes *augmentées*. Il en est de même des intervalles qui sont plus grands que les intervalles majeurs. Les quartes et les quintes plus petites que les justes s'appellent quartes et quintes *diminuées*; j'en dirai autant des autres intervalles qui sont plus petits que les intervalles mineurs. C'est encore ici le cas d'appliquer tout ce que j'ai dit touchant les signes d'altération.

Remarque. D'après quelques théories nouvelles, notre quarte augmentée s'appelle *grande quarte* et notre quinte diminuée porte le nom de *petite quinte*. Suivant cette dénomination, la quarte augmentée est plus élevée d'un demi-ton que la nôtre, de même que la quinte diminuée est moins étendue d'un demi-ton que notre quinte diminuée.

L'octave et la prime embrassent une seule et même étendue dans la série des sons naturels. Elles s'appellent justes lorsqu'elles ne sont modifiées par aucun signe d'altération ou lorsque ces signes ne changent rien à l'étendue de l'intervalle. Quand l'intervalle d'octave se trouve agrandi par un de ces signes, il prend le nom d'octave *augmentée*, et si l'intervalle perd de son étendue, on l'appelle alors octave *diminuée*. C'est ainsi que la prime s'appelle *augmentée* lorsque deux notes de même nom sont placées à côté l'une de l'autre et que l'une d'elles a été modifiée par un signe d'altération.

Si l'on compare la prime augmentée avec la seconde mineure, on voit que chacun de ces intervalles embrasse un demi-ton. De là vient qu'on a pris depuis long-temps l'habitude d'abandonner les deux véritables noms de ces intervalles *(prime augmentée et seconde mineure)* et de les distinguer comme *demi-tons*. La prime augmentée s'appelle en conséquence *demi-ton mineur* et la seconde mineure se nomme *demi-ton majeur*. Le demi-ton mineur occupe donc seulement une ligne de la portée, tandis que le demi-ton majeur en occupe deux. Cette distinction était fondée autrefois, parce qu'on établissait une différence entre *ut dièse* et *ré bémol*, *fa dièse* et *sol bémol*, etc. Mais, aujourd'hui, comme cette distinction n'existe plus, c'est une question de peu d'importance et dont la solution ne mènerait à rien.

Enfin, il faut encore remarquer qu'on appelle *intervalle harmonique* celui dont les sons doivent être entendus simultanément, et *intervalle mélodique* celui dont les sons doivent résonner successivement. Dans la portée musicale, les notes de l'intervalle harmonique se posent perpendiculairement au-dessous les unes des autres : tandis que, dans l'intervalle mélodique, ces notes suivent une ligne oblique : ou , suivant leur degré respectif d'élévation ou d'abaissement.

§ 14.

DU RENVERSEMENT DES INTERVALLES.

Si de deux notes formant un intervalle on prend la plus élevée pour la transporter à l'octave inférieure, ou bien, au contraire, si on transporte la note la plus basse à l'octave supérieure, on aura fait une opération qu'on nomme en musique le renversement des intervalles. Par ce procédé, les noms des notes ne changent en rien ; mais il n'en est pas de même du degré d'élévation des notes entre elles, ni, par conséquent, des intervalles.

En effet, d'*ut* à *ré*, en montant, on compte une seconde majeure ; mais d'*ut* à *ré*, en descendant ainsi : *ut*, *si*, *la*, *sol*, *fa*, *mi*, *ré*, on obtient une septième mineure ; d'*ut* à *mi*, en montant, il y a une tierce majeure ; d'*ut* à *mi*, en descendant, il y a une sixte mineure. Le tableau suivant facilitera l'intelligence de cette matière :

On voit par ce tableau que, par suite du renversement,

La seconde	devient	une	septième.
La tierce	—	—	sixte.
La quarte	—	—	quinte.
La quinte	—	—	quarte.
La sixte	—	—	tierce.
La septième	—	—	seconde.

Tout intervalle juste reste tel dans le renversement. La prime devient octave ; la quarte, quinte ; la quinte, quarte, et l'octave, prime.

Le même tableau démontre aussi que *tout intervalle majeur devient mineur, tout intervalle mineur devient majeur* par le renversement, *et vice versâ*. Nous allons voir, dans le tableau suivant, que *tout intervalle diminué devient augmenté*, *et réciproquement*, *par le renversement*.

Par le renversement :

On aura soin de faire opérer par les élèves le renversement, soit supérieur, soit inférieur, de tous les intervalles qu'ils pourront rencontrer, afin de leur donner une idée exacte et précise des rapports des tons entre eux.

§ 15.

DES GAMMES.

On nomme *gamme* (*scala*, échelle) la série successive des sons compris dans une octave. Quand cette série de sons est rangée de telle sorte que l'octave comprenne cinq tons et deux demi-tons, elle prend le nom de gamme *diatonique*.

Si la succession des notes ne procède que par demi-tons, on a une gamme *chromatique*.

C'est pourquoi on donne aussi le nom de *chromatiques* aux signes d'élévation ou d'abaissement des notes, ainsi qu'aux passages de ce genre :

Si, dans la gamme chromatique, on fait suivre chaque note diésée par la note bémolisée du degré suivant, la gamme prend alors le nom d'*enharmonique*.

Si, entre deux tons entiers, on introduit un demi-ton, le résultat sera le même pour l'oreille, que ce demi-ton provienne, soit de l'exhaussement de la note inférieure, soit de l'abaissement de la note supérieure. Mais la place de ces deux notes diffère sur l'échelle musicale. Prenons l'exemple suivant :   On peut, entre *sol* et *la*, introduire un demi-ton qu'on obtiendra, soit par l'élévation du *sol* (*sol* dièse), soit par l'abaissement du *la* (*la* bémol). Exemple :

Sol dièse et *la* bémol ont un égal degré d'élévation, mais ils se placent sur l'échelle d'une manière toute différente. Ce sont les sons de ce genre qu'on appelle *enharmoniques*.

§ 16.

DES GAMMES DIATONIQUES.

Lorsque, dans la gamme diatonique, les sons se suivent immédiatement, de telle sorte que les demi-tons soient placés du troisième au quatrième degré et du septième au huitième, cette gamme prend le nom de gamme *majeure*. Exemple :

A

Mais si les deux demi-tons sont placés du deuxième au troisième degré et du cinquième au sixième, la gamme prend alors le nom de *gamme mineure*. Exemple :

B

La différence de ces deux gammes repose donc dans la position des demi-tons. De ce que, dans la gamme d'*ut* majeur, les demi-tons se trouvent du troisième au quatrième et du septième au huitième (voyez ci-dessus l'exemple A), il résulte d'abord que la tierce *ut-mi* et la sixte *ut-la* sont majeures toutes deux; dans la gamme mineure, au contraire, où les demi-tons sont placés du deuxième au troisième degré et du cinquième au sixième (voir ci-dessus l'exemple B), la tierce est mineure, comme :

Si la tierce est mineure, il en est ordinairement de même de la sixte; et si la tierce est majeure, la sixte est également majeure. C'est donc à la tierce qu'il faut s'attacher pour pouvoir établir la différence qui distingue les gammes majeures d'avec les gammes mineures.

De la tierce majeure ou mineure dépend la qualification de majeure ou de mineure pour une gamme.

La succession de tons et demi-tons que nous trouvons dans ces deux gammes d'*ut* et de *la* peut s'obtenir exactement dans les mêmes rapports, en prenant pour point de départ toute note, soit naturelle, soit altérée, d'une octave; ainsi, toute note naturelle ou altérée peut servir de base à une gamme. Mais comme les demi-tons de *mi-fa* et de *si-ut* ne se trouvent naturellement que dans la gamme d'*ut*, du troisième au quatrième et du septième au huitième degré, et que les mêmes demi-tons ne se présenteront dans aucune autre gamme que celle de *la* à leur rang naturel, qui est du deuxième au troisième degré et du cinquième au sixième, on les appelle toutes les deux *gammes modèles* sur lesquelles doivent être calquées toutes les autres. La gamme d'*ut* naturel est donc le modèle de toutes les gammes majeures, comme *la* mineur à l'égard des gammes mineures. Toutes les gammes majeures et mineures ne diffèrent donc de ces deux gammes modèles que par une position plus haute ou plus basse sur la portée musicale, suivant que la note servant de point de départ est elle-même plus ou moins élevée.

La note d'après laquelle la gamme se forme et d'après laquelle aussi s'établit la position de tous les tons et demi-tons, celle par conséquent sur laquelle reposent toutes les autres notes, s'appelle *note fondamentale* ou *tonique*.

Si nous établissons une gamme sur *sol*, qui est la quinte d'*ut*, nous obtenons la gamme de *sol* majeur dans laquelle se présente un signe d'élévation ou dièse. Si c'est *ré*, qui est la quinte de *sol*, qui nous sert de tonique, nous aurons la gamme de *ré* majeur dans laquelle, au premier signe d'élévation ou dièse, vient s'en joindre un second. *Au moyen de cette progression par quintes, on obtient toutes les gammes par dièses, et, à chaque nouvelle gamme obtenue de cette façon, il faut ajouter un dièse nouveau.*

En procédant par quintes descendantes, on obtient toutes les gammes avec des bémols.

Ce principe s'applique non seulement aux gammes majeures, mais encore aux mineures : *car, dans ces dernières aussi, on ajoute toujours un nouveau dièse à chaque nouvelle quinte que l'on franchit en s'éloignant du modèle mineur* LA. Ainsi, en *mi* mineur, on aura un dièse, en *si* mineur, deux dièses, etc.

En procédant par quintes descendantes, on obtient de même les gammes mineures avec bémols. Ainsi, *ré* mineur a un bémol, *sol* mineur en a deux, etc.

Dans les gammes majeures, le dernier dièse est placé devant la SEPTIÈME *et forme ce qu'on appelle la note sensible, c'est-à-dire le demi-ton du septième au huitième degré nécessaire pour la tonalité majeure.*

Dans les gammes mineures, le dernier dièse est placé devant la SECONDE *et forme le demi-ton du second au troisième degré, et, par conséquent, la tierce mineure que réclame la tonalité mineure.*

Dans les gammes majeures avec des bémols, le dernier bémol se pose devant la QUARTE, *et, dans les gammes mineures, devant la* SIXTE; dans le premier cas, il forme le demi-ton du troisième au quatrième degré, et dans le second celui du cinquième au sixième.

Il y a plusieurs manières de former la gamme mineure. Les uns veulent que cette gamme soit différente en montant de ce qu'elle est en descendant. Pour le dernier cas, ils adoptent la gamme telle que nous l'écrivons avec les deux demi-tons placés, le premier du deuxième au troisième degré, et le second du cinquième au sixième; mais, en montant, ils introduisent une sixte et une septième majeures, ou une sixte mineure suivie de la septième majeure. D'autres conservent la septième majeure en montant comme en descendant. La raison de cette différence repose uniquement sur cette idée, savoir : *Que, dans la gamme mineure comme dans la gamme majeure, il faut qu'il y ait une note sensible;* autrement dit, qu'il doit exister un demi-ton entre le septième et le huitième degré. Notre gamme mineure, au contraire, ne présente pas cette note sensible, et, en conséquence, nous devons démontrer que cette note sensible, bien loin de faire partie nécessaire de la gamme mineure, n'est au contraire que purement accidentelle.

Il faut d'abord admettre que toute note essentiellement nécessaire à la tonalité d'une gamme devra se trouver dans cette gamme aussi bien en montant qu'en descendant. Par conséquent, si la note sensible est indispensable, elle le sera aussi bien en descendant qu'en montant. Si, au contraire, elle n'est pas un des éléments constitutifs de la tonalité, il faudra la rejeter, qu'on procède, soit de bas en haut, soit de haut en bas. L'opinion des meilleurs théoriciens est unanime sur ce point, et je crois qu'après avoir démontré ce qu'il faut entendre par ces mots : *essentiellement nécessaire*, il me sera facile de faire comprendre pourquoi j'écris toujours la gamme mineure d'une manière uniforme, soit qu'elle monte soit qu'elle descende.

Pour se tirer d'affaire, un grand nombre de théoriciens allemands n'ont rien trouvé de mieux que de considérer comme essentielle la note sensible et de la conserver en montant et en descendant; ils ont même pris soin de l'indiquer à la clef, de sorte que, pour spécifier la tonalité mineure, ils sont souvent dans la nécessité d'employer simultanément des dièses et des bémols. C'est ainsi qu'ils écrivent pour *ré* mineur, pour *la* mineur, pour *sol* mineur, etc. Ils ne voient pas à quelle contradiction cela aboutit, car, pour indiquer le ton de *fa* mineur, il se trouve que le *mi* est à la fois bémol et bécarre

Ce système, quoique en apparence plus conséquent que les deux autres, est cependant le plus contraire aux exigences de l'oreille et ne renferme pas en outre les éléments essentiels d'une gamme. Au lieu de cinq tons et de deux demi-tons, la gamme ne contient ainsi que trois tons entiers (*secondes majeures*), trois demi-tons (*secondes mineures*) et une seconde augmentée. On ne peut donc y trouver les éléments essentiels d'une gamme diatonique. De plus, l'usage s'oppose entièrement à l'adoption de ce système, et il serait difficile de rencontrer cette manière d'indiquer la tonalité mineure chez aucun des compositeurs remarquables.

Tout ce que nous venons de dire suffirait déjà pour démontrer que la septième majeure ou note sensible ne peut pas être considérée comme essentielle dans une gamme mineure. Il existe encore d'autres raisons qui nous prouvent que cette note sensible ne doit être considérée que comme purement accidentelle, soit en montant soit en descendant.

On rencontre un nombre infini de compositions où la note sensible ne trouve pas place dans les tons mineurs, et c'est, presque sans exception, chez tous les compositeurs des quinzième, seizième et dix-septième siècles. C'est un fait reconnu, aussi nous n'en donnerons que quelques exemples:

André Gabrielis, dans le motet : *Caro mea vere est cibus.*

et Palestrina, (*Missa* 6 *voce*).

Dans le dix-huitième siècle, où l'on adopta plus communément l'harmonie de la dominante augmentée qui contient la note sensible, on trouve les deux manières employées indistinctement. C'est ainsi que, dans la messe à quatre voix de Marcello, nous voyons l'exemple suivant, avec la note sensible :

Et quelques mesures après, sans la note sensible :

Cependant peu à peu l'accord majeur sur la dominante devint d'un usage plus fréquent ; mais il ne fut pas pour cela regardé comme essentiel : c'est ce que prouve la manière dont on écrivait la gamme. Si la note sensible eût été réputée indispensable, on l'aurait indiquée à la clef ; mais c'est ce qui n'a jamais eu lieu et ce qu'on vient seulement de proposer de nos jours. Si l'on veut une preuve positive de ce que j'avance, on n'a qu'à consulter la *Méthode de Chant* de Marpurg, un des plus estimés théoriciens qui florissait pendant la seconde moitié du siècle dernier, et l'on trouvera ce qui suit dans cet ouvrage imprimé à Berlin en 1763, pages 113 et suivantes : « Les douze gammes mineures. . . . .
« ont les deux demi-tons placés du deuxième au troisième degré et du cinquième
« au sixième. Exemple :

1 2 3 4 5 6 7 8
la, *si*, *ut*, *ré*, *mi*, *fa*, *sol*, *la*.

« Il est vrai que dans le chant on a coutume de suivre cette marche en descen-
« dant seulement, comme :

8 7 6 5 4 3 2 1
la, *sol*, *fa*, *mi*, *ré*, *ut*, *si*, *la*,

« Tandis qu'en montant on établit un demi-ton entre le septième et le huitième
« degré, comme :

1 2 3 4 5 6 7 8
la, *si*, *ut*, *re*, *mi*, *fa*♯, *sol*♯, *la*,

« Mais cet usage ne change rien à l'essence de la tonalité, et les deux dièses
« qui accompagnent ici le sixième et le septième degré ne sont que purement
« accidentels ».

Si l'on voulait regarder aujourd'hui la septième majeure comme indispensable à la gamme mineure, alors il faudrait prouver que depuis 50 ou 60 ans on a changé la nature de la gamme mineure ; c'est ce qu'il est impossible d'admettre. L'emploi plus fréquent de la tierce majeure dans l'accord de la dominante repose donc sur une convention arbitraire ; notre oreille s'est habituée à ce nouvel effet, mais l'habitude aurait pu tout aussi bien maintenir l'effet contraire.

La septième non altérée est devenue plus rare, mais elle n'a pas été entièrement rejetée. On a voulu admettre les signes accidentels dans la gamme, et on est tombé ainsi dans de monstrueuses inconséquences, tant sous le rapport de l'armure de la clef que sous celui de la construction de la gamme elle-même[1].

Quant à ce qui a rapport au caractère *mélodique de la gamme mineure*, il est prouvé que l'existence de la gamme a précédé celle de l'harmonie. La gamme ne doit donc pas être formée d'après l'exigence de quelques harmonies spéciales, mais c'est l'harmonie qui doit suivre les lois de la gamme. Si donc quelques raisons mélodiques militent pour la gamme mineure sans la note sensible, nous devons voir là une preuve nouvelle de la justesse de notre assertion, quand nous disons que la note sensible n'est pas une condition essentielle de la gamme mineure. Je vais donner ici un modèle de cette gamme suivant les différentes manières de l'écrire.

Avec la sixte et la septième majeures.

1. 

Avec la sixte mineure et la septième majeure.

2. 

Avec la septième majeure.

3. 

Sans note sensible.

4. 

Que l'on chante toutes ces mélodies les unes après les autres, et assurément on ne tardera pas à voir laquelle des quatre est la plus agréable, la plus naturelle et la mieux en rapport avec la tonalité mineure. Il est évident que les gammes à notes sensibles, loin de plaire à l'oreille, la blessent. L'absence de cette note sensible, au contraire, donne souvent à la mélodie quelque chose de

(1) Pour juger des conséquences qu'entraîne un système aussi absurde, on n'a qu'à consulter les méthodes de piano, celle de Kalkbrenner, par exemple; on y verra, aux exercices des gammes mineures, que la main droite doit jouer la gamme avec la note sensible et la sixte majeure en montant pendant que la main gauche joue la même gamme sans note sensible et avec la sixte mineure en descendant, et *vice versâ*. L'unisson simultané de notes si opposées et produisant un effet si discordant, est plutôt propre à détruire qu'à faire naître le sentiment musical.

majestueux et de solennel. Le chant grégorien, si remarquable par ses beautés mélodiques, en offre beaucoup de preuves.

Palestrina, dans une messe à six voix, commence avec le thème suivant sans note sensible :

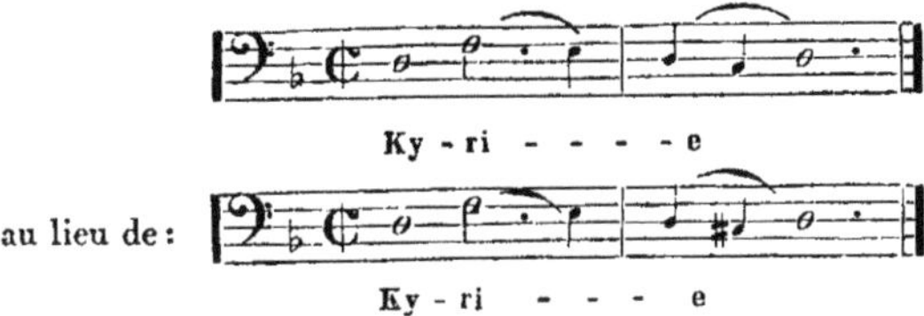

Il en est encore de même dans le motet de Morales : *Lamentabatur Jacob.*

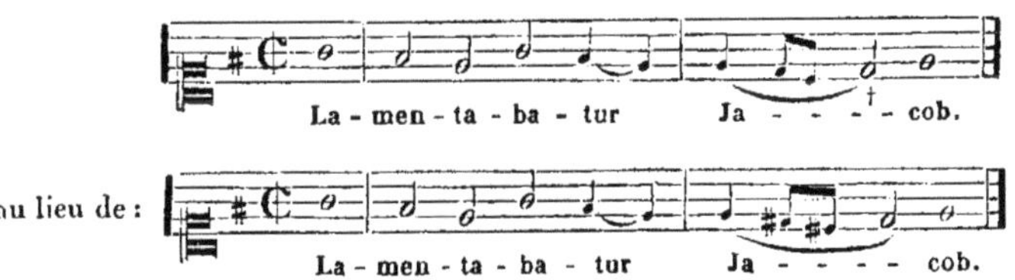

Nous voyons donc que non seulement l'usage, mais encore les lois mélodiques, justifient l'absence de la note sensible dans les gammes mineures.

§ 12.

DES TONALITÉS.

On peut, de chacune des gammes du paragraphe précédent, composer une mélodie. Toute série de sons puisée dans une gamme forme une tonalité. Ce que nous avons dit des gammes diatoniques s'appliquera donc aussi à la tonalité. Toute tonalité a pour base une note fondamentale autour de laquelle elle se meut et sur laquelle elle se repose ordinairement. Chacune des notes comprises dans une octave peut produire une gamme majeure et une gamme mineure ; de même chacune des notes d'une octave peut, par conséquent, être la note fondamentale d'une tonalité majeure ou mineure.

Ces tonalités, ainsi que les gammes, ne diffèrent les unes des autres que par le plus ou moins d'élévation des sons sur l'échelle diatonique, suivant qu'elles partent d'une note plus grave ou plus aiguë. Tous les signes d'altération nécessaires à une gamme appartiennent indispensablement à la tonalité, aussi on les place toujours immédiatement après la clef; on appelle cela *armer la clef*. Cette armure reste jusqu'à la fin du morceau ou jusqu'à ce que d'autres signes viennent annoncer une autre tonalité. On nomme signes accidentels tous les autres signes qui, n'étant pas indiqués à la clef, se présentent dans le cours d'un morceau.

Pour reconnaître la tonalité que l'armure de la clef indique, il suffit de savoir combien de signes d'altération sont contenus dans la gamme qui appartient à cette tonalité. Pour *ut* majeur, par exemple, il n'y aura rien à la clef, attendu que la gamme d'*ut* majeur ne comporte aucun signe d'altération; il en sera de même pour *la* mineur.

Or, les gammes se suivent de quinte en quinte, et chaque nouvelle gamme ajoute un nouveau dièse à ceux de la gamme précédente; c'est encore précisément ce qui arrive à l'égard des tonalités. Si l'on continue cette progression par quintes, on trouvera que *ut* dièse majeur et *la* dièse mineur ont chacun sept dièses, et par conséquent un dièse à chaque degré de la gamme. Si l'on voulait pousser plus loin cette progression, on obtiendrait huit dièses pour *sol* dièse majeur et pour *mi* dièse mineur, et, comme il n'y a que sept notes dans la gamme diatonique, il faudrait qu'il y eût un ton élevé doublement, et, en conséquence, qu'un des dièses se changeât en double dièse. Une telle armure de clef n'est pas en usage, car le ton de *sol* dièse est, comme nous le savons, identique avec celui de *la* bémol, et ce dernier ton s'indique beaucoup plus facilement par le moyen des bémols. Le cas est le même pour *ut* dièse. Aussi, outre l'armure par dièses, a-t-on introduit celle par bémols, et nous avons vu précédemment que les dièses se posent de quinte en quinte. Le nombre des bémols s'augmente en procédant par quartes, en mineur et en majeur.

Si nous voulons maintenant, conformément à ce que nous venons de dire, former le tableau des tons avec leurs signes, nous obtiendrons le résultat suivant :

La note indiquée est la note fondamentale, le point de départ de la gamme.

Nous voyons par là qu'il y a toujours deux tons, l'un majeur et l'autre mineur, qui sont indiqués à la clef par des signes identiques, comme par exemple ***sol*** majeur et ***mi*** mineur, ***ré*** majeur et ***si*** mineur, etc., etc. Ces tons ont donc entre eux une étroite affinité, et on les nomme tons relatifs.

Le tableau qui précède nous montre que la note principale du ton mineur est toujours séparée par la distance d'une tierce mineure, en descendant, du ton majeur qui s'indique par les mêmes signes. Si donc on veut connaître le relatif mineur d'un ton majeur, il suffit de descendre d'une tierce mineure pour obtenir le nom de la note que l'on cherche.

On voit de plus, par le même tableau, que les tons se meuvent dans un certain cercle, quant à l'armure de clef qui les désigne; en effet, si l'on prend ***ut*** pour point de départ et qu'on monte de quinte en quinte, on finira par revenir à ***ut***. Le tableau ci-dessus va jusqu'à ***ut*** dièse; si l'on va plus loin, on obtiendra ***ut*** dièse, ***sol*** dièse, ***ré*** dièse, ***la*** dièse, ***mi*** dièse, ***si*** dièse; cette dernière note est identique avec ***ut*** naturel. Si maintenant on transforme, au moyen de bémols, les tons par dièses, qui restant les mêmes pour le fond ne changeront que de nom, on obtiendra le résultat suivant :

Ut-sol-ré-la-mi-si-fa ♯ { *Ut*♯-*sol*♯-*ré*♯-*la*♯-*mi*♯-*si*♯.
Ré♭-*la*♭-*mi*♭-*si*♭-*fa*♮-*ut*♮.

La même chose a lieu dans les tons mineurs.

La-mi-si-fa ♯ { *Ut*♯-*sol*♯-*ré*♯-*la*♯-*mi*♯-*si*♯.
Ré♭-*la*♭-*mi*♭-*si*♭-*fa*♮-*ut*♮-*sol*-*ré*-*la*.

Cette suite de quintes, dans laquelle on revient toujours au point de départ, se nomme *cercle de quintes*. On parcourt, dans ce cercle, les douze tons de la gamme, d'où il résulte qu'on revient toujours au même ton, quelque soit celui par lequel on a commencé. Comme ce cercle contient douze tons dans chacun des deux modes majeur et mineur, on voit qu'il y a en tout vingt-quatre tons différents.

Ainsi, résumons: pour distinguer dans quel ton est écrit un morceau, il faut considérer : 1° *l'armure de la clef; 2° la note fondamentale* ou *tonique*.

La connaissance de l'armure de la clef ou celle de la note fondamentale ne suffisent pas isolément pour reconnaître la tonalité, car l'une et l'autre peuvent appartenir, soit à un ton majeur, soit à un ton mineur. C'est donc la réunion de l'armure et de la note principale qui désigne le ton. La note principale une fois connue, l'armure de la clef indique si la tierce est majeure ou mineure. Cette note se trouve ordinairement aussi bien que la tierce au commencement ou à la fin d'un morceau. Mais ni le commencement ni la fin ne peuvent isolément nous donner une entière certitude sur le caractère de la tonalité. Un morceau peut débuter dans le ton majeur sans rester constamment dans ce même ton. C'est ainsi que dans les anciens morceaux de musique religieuse, on trouve fréquemment terminé en majeur un morceau écrit entièrement en mineur. Exemple :

Il faut s'attacher à reconnaître le caractère dominant de la tierce majeure ou mineure pendant le cours du morceau pour pouvoir dire avec certitude à quelle espèce de tonalité il appartient. Si, par exemple, il y a trois dièses à la clef, le ton, d'après le tableau donné, sera *la* majeur ou *fa* dièse mineur. Or, si la note fondamentale est *la*, le morceau sera en *la* majeur; si, au contraire, la note fondamentale est *fa* dièse, le morceau sera en *fa* dièse mineur. Il en sera ainsi de tous les autres tons.

Le caractère du mode mineur est la tristesse, la mélancolie, la rêverie, la terreur; celui du mode majeur est, au contraire, décidé, joyeux et brillant.

Ces différences de caractère entre les deux tonalités sont produites par la nature des tierces et des sixtes, qui sont mineures dans les tonalités mineures, et majeures dans les tonalités majeures.

ÉCOLE CHORALE.

DEUXIÈME PARTIE.

THÉORIE DES ACCORDS.—CHANT FIGURÉ.

§ 1.

ACCORDS FONDAMENTAUX.

Lorsqu'on écoute l'exécution d'un chœur, d'un morceau d'orchestre, on entend marcher de front plusieurs mélodies : celle des voix ou des instruments plus ou moins élevés, et celle des voix ou des instruments plus ou moins graves. Le sentiment du beau, un goût délicat font naître une mélodie belle et expressive ; mais, pour en réunir plusieurs ensemble, n'en former qu'un tout et les faire marcher de front, il faut le secours de l'art ; car des mélodies prises au hasard ne peuvent se faire entendre à la fois sans produire un effet tout contraire à ce qu'on appelle effet musical.

Pour qu'un morceau à deux, trois, quatre parties ou plus soit exécutable par des voix ou des instruments, il faut qu'il règne une connexion si étroite entre les parties séparées que leur apparition ne compose qu'un tout. L'émission simultanée de plusieurs mélodies se fait par l'union *harmonique*. La théorie qui enseigne comment il faut procéder, et sur quelles règles on doit se baser pour arriver à ce résultat, s'appelle *théorie de l'harmonie*.

Avant d'arriver à la réunion de plusieurs mélodies, il faut savoir combiner l'émission simultanée de plusieurs sons.

La combinaison de plusieurs sons destinés à être entendus simultanément se fait par tierce, c'est-à-dire que les sons doivent être disposés de telle manière que celui qui est le plus bas soit distant d'une tierce de celui qui le suit. On appelle cette réunion en tierce de deux, trois, quatre sons ou davantage un *accord.*

La musique fournit un nombre infini de ces accords, qui tous cependant peuvent se résumer par deux accords fondamentaux, *l'accord à trois sons (l'accord parfait)* et *l'accord à quatre sons (l'accord de septième).*

L'accord parfait se compose d'une tonique quelconque, plus de la tierce et de la quinte de cette tonique. Exemple :

L'accord de septième se compose d'une tonique, et en outre de la tierce, de la quinte et de la septième de cette tonique. Ainsi, l'on voit que l'accord de septième s'obtient lorsqu'on ajoute la septième à un accord parfait, ou, en d'autres termes, lorsqu'aux deux tierces qui forment l'accord parfait on ajoute une troisième tierce. Exemple :

Tous les accords fournis par les deux exemples ci-dessus ne sortent pas de la gamme naturelle d'*ut*, qui est la gamme modèle ; mais, comme chacune des notes de cette gamme peut s'altérer au moyen des signes d'élévation ou d'abaissement, et devenir ainsi le point de départ d'une nouvelle gamme, d'une nouvelle tonalité, il en résulte que chacune des douze notes d'une octave peut devenir la base d'un accord. Exemple :

La même observation s'applique aux accords de septième. Exemple :

§ 2.

ACCORDS PARFAITS.

Si nous observons les accords parfaits tels qu'ils nous sont fournis par les tons naturels de la gamme d'*ut*, nous verrons qu'il s'en présente de trois espèces. Exemple :

La dénomination exacte de ces divers accords dépend entièrement de la différence qui existe entre les intervalles qui composent chacun d'eux. Quand la tierce est *majeure*, l'accord prend le nom *d'accord parfait majeur*. La gamme naturelle d'*ut* contient trois accords majeurs, savoir:

Si, au contraire, la tierce est *mineure*, l'accord s'appelle *accord parfait mineur*. Voici ceux que fournit la gamme naturelle :

Quand la tierce de l'accord est mineure et la quinte diminuée, l'accord se nomme *accord parfait diminué*. La gamme naturelle n'en présente qu'un exemple, et c'est à la note sensible. Exemple :

L'accord parfait augmenté, avec la tierce majeure et la quinte augmentée, ne se présente pas dans la suite des tons fournis par la gamme naturelle ; il ne peut donc s'écrire qu'avec le secours des signes d'altération. Exemple :

Voilà donc, jusqu'à présent, quatre espèces différentes d'accords parfaits.

Avec le secours des signes d'altération, on peut former encore un grand nombre d'accords de ces quatre espèces. Exemples :

§ 3.

ACCORDS DE SEPTIÈME.

La dénomination des accords de septième dépend de la différence qui existe entre les septièmes. Or, comme nous avons des septièmes *majeures*, *mineures* et *diminuées* (voyez le § 13, page 16), nous trouvons aussi des accords de septième *majeurs*, *mineurs* et *diminués*.

Exemple des différents accords de septième.

L'accord de septième mineure est le plus usité parmi les accords de septième ; aussi, lorsqu'on parle de l'accord de septième sans plus ample désignation, c'est toujours de l'accord de septième mineure qu'il est question.

Si l'on fait réflexion que, dans tous les accords majeurs ou mineurs, la tierce, la quinte, ou toutes deux à la fois, peuvent être élevées ou abaissées au moyen des signes d'altération, il sera facile de comprendre le grand nombre de transformations sous lesquelles apparaîtront les accords fondamentaux; il est encore aisé de se figurer quel devait être autrefois le labyrinthe inextricable des théories de l'harmonie, si l'on songe que, tout récemment encore, chacun de ces accords prenait un nom différent à la moindre modification qu'on lui faisait subir, et devenait dès lors le sujet d'un traité de théorie tout particulier.

§ 4.

POSITION DES INTERVALLES D'UN ACCORD.

Les accords si peu nombreux dont nous venons de nous occuper sont donc susceptibles d'un grand nombre de modifications, et cela deviendra pour nous encore plus évident si nous songeons que chacun de ces accords peut renverser ses différents intervalles, et qu'à chaque nouveau renversement l'accord se présente sous une forme toute spéciale.

Les intervalles conservent toujours le nom qui leur est propre, tel que tierce, quinte et septième, quoique se trouvant placés dans des octaves différentes. Ainsi, dans l'exemple suivant :

le *mi* est toujours la tierce d'*ut*, *sol* en est toujours la quinte et *si* bémol la septième, quoique ces différents intervalles soient séparés de leur tonique par la distance d'une ou de plusieurs octaves. Or, comme les intervalles ne changent pas, il doit en être de même des accords. Tous les accords compris dans la division *A* se composent des notes *ut*, *mi* et *sol*; et tous ceux compris dans la division *B* sont formés par les notes *ut*, *mi*, *sol*, *si* bémol. Les premiers sont donc des accords parfaits et les seconds des accords de septième.

§ 5.

RENVERSEMENT DES ACCORDS.

Quand les intervalles d'un accord sont renversés, les noms des notes restent bien les mêmes, mais la distance des sons, et par conséquent les intervalles, subissent dès lors une certaine altération. Cette modification plus ou moins grande dans la position des sons produit sur l'oreille un effet plus ou moins sensible ; et de même que la combinaison des sons présente à chaque modification un effet différent pour l'œil, de même aussi l'ouïe est affectée d'une manière diverse à chaque changement dans la position des accords produits par les voix ou les instruments.

Tant que, comme dans les exemples *A* et *B* ci-dessus, la tonique d'un accord reste à la même position, l'impression produite par les intervalles qui en dépendent reste à peu près la même pour l'oreille. En effet, dans ces exemples, nous entendons toujours ***mi*** comme tierce, ***sol*** comme quinte et ***si*** bémol comme septième de la tonique ***ut***, quel que puisse être le plus ou le moins d'élévation des octaves dans lesquelles ces notes se présentent. Mais il faut bien remarquer qu'aussitôt que la tonique cesse d'occuper *la place inférieure dans l'accord*, cet accord prend dès lors une tout autre physionomie. Dans les exemples ci-dessus, la note la plus basse est toujours ***ut***, et il n'y a que les dépendances de cette tonique qui aient subi un déplacement. Mais les accords ne se présentent pas toujours sous une forme telle que la tonique soit invariablement placée à la position la plus basse ; la tierce, la quinte et la septième peuvent à leur tour occuper cette position. Dans ce cas, l'accord reste toujours le même puisqu'il se compose encore des mêmes éléments ; mais, du moment que la note principale ou tonique subit un déplacement, l'accord impressionne aussitôt l'oreille d'une manière différente, et cette impression devient pour nous de plus en plus remarquable à mesure que l'accord s'éloigne de sa première position.

Un accord quelconque est susceptible d'autant de positions différentes qu'il y a de notes qui entrent dans sa composition.

L'accord parfait est formé par trois notes ; il a donc trois positions. La première est celle où la tonique occupe la place la plus basse. Exemple :

La *seconde position* de l'accord parfait est celle où la tierce occupe la place la plus basse ; dans ce cas, la quinte devient tierce et la tonique devient sixte. Exemple :

La *troisième position* est celle où la quinte occupe la position la plus basse ; dans ce cas, la tonique devient quarte et la tierce devient sixte. Exemple :

Dans l'accord de septième, nous apercevons quatre notes ; donc cet accord peut apparaître sous quatre formes différentes. Dans la première, c'est la tonique qui occupe la place inférieure. Exemple :

Dans la seconde position, c'est la tierce qui forme la basse ; dès lors, la quinte devient tierce, la septième devient quinte et la tonique devient sixte. Exemple :

Avec la troisième position, c'est la quinte qui occupe la place la plus basse ; la septième devient tierce, la tonique devient quarte et la tierce devient sixte. Exemple :

Avec la quatrième position, c'est la septième elle-même qui occupe le degré le plus bas. La tonique devient dès lors seconde, la tierce devient quarte et la quinte devient sixte. Exemple :

Toutes ces différentes positions de l'accord sont classées par les théoriciens sous des dénominations particulières. Nous ne nous en occuperons pas ici, parce qu'il ne nous est pas bien démontré qu'il y ait quelque utilité à augmenter encore un vocabulaire de noms déjà passablement compliqué. Il nous suffit de pouvoir déterminer avec exactitude telle ou telle position de l'accord, et de pouvoir préciser la tendance et la marche des intervalles, points importants dont nous parlerons plus tard.

§ 6.

ACCORD DE NEUVIÈME.

En ajoutant à l'accord de septième une nouvelle tierce, il s'en forme un nouveau que l'on appelle *accord de neuvième.* On lui donne ce nom parce que la note ajoutée est la neuvième de la tonique de l'accord. Exemple :

L'accord ci-dessus consiste donc en la tonique, sa tierce, sa quinte, sa septième et sa neuvième.

Il s'appelle majeur ou mineur, suivant que la neuvième est majeure ou mineure.

Dans quelques positions, l'accord de neuvième apparaît avec tous ses intervalles, surtout comme mélodie. Exemples :

Mais souvent un, deux et même plusieurs intervalles de cet accord doivent être omis, selon que la composition est à quatre, trois ou même deux parties. Il n'y a pas de règle qui indique quel intervalle dans tel ou tel cas doit subir cette omission, cela dépend de l'effet que le compositeur veut produire.

L'accord de neuvième a aussi ses renversements. Pour les trouver, on procède comme avec les autres accords.

§ 7.

INTERVALLES DOUBLÉS.

On peut toujours doubler un ou plusieurs des intervalles compris dans un accord sans que, pour cela, il y ait rien de changé à la nature même de cet accord. Exemple :

On voit que, dans cet exemple, on a doublé tantôt la tonique *ut*, tantôt la tierce *mi*, tantôt la quinte *sol*, et tantôt tous ces intervalles à la fois. La nature de l'accord n'en souffre aucune altération, parce qu'on n'a pas introduit d'autres notes que celles de l'accord parfait naturel *ut-mi-sol*. De tels redoublements deviennent nécessaires dans la composition lorsqu'on doit écrire pour un grand nombre de voix ou d'instruments, ou pour les uns et les autres tout à la fois. Les voix graves, les voix intermédiaires et les voix aiguës répètent la même note d'un accord, chacune dans son diapason, de manière à ce que chaque voix ou chaque instrument attaque cette note au degré d'élévation qui lui est le plus favorable. S'il arrivait qu'une des voix ou qu'un des instruments introduisît un son étranger à l'accord fondamental, ce seul son, pour peu qu'il fût entendu distinctement, suffirait pour rompre tout l'accord.

§ 8.

OMISSION DES INTERVALLES.

Il peut arriver pareillement qu'on omette un ou plusieurs des intervalles d'un accord. Exemple :

On trouve souvent une note doublée à l'unisson ou à l'octave, de telle sorte qu'il n'y a plus qu'un seul des intervalles de l'accord. Exemple :

De même que, lorsqu'on écrit pour un grand nombre de voix, il devient nécessaire de doubler les intervalles d'un accord, de même aussi, dans une composition destinée seulement à deux ou à trois voix, on se trouve obligé de supprimer certains intervalles. Un chœur de voix ou d'instruments n'exécute pas même toujours en masse ; le compositeur, pour jeter des ombres et de la lumière sur sa peinture musicale, introduit souvent des voix isolées. Il doit alors rejeter tel ou tel intervalle de l'accord suivant que l'exige l'effet qu'il a l'intention de produire. C'est ainsi que, dans des morceaux à trois parties, on voit souvent un des intervalles doublés tandis qu'un autre reste entièrement supprimé. Dans une composition à deux parties, il faut nécessairement omettre un des intervalles quand on emploie l'accord parfait, deux intervalles si on fait usage de l'accord de septième. Du moment que le compositeur fait marcher de front deux instruments, dont chacun ne peut émettre qu'une note à la fois (ce qui arrive avec tous les instruments à vent), l'omission de certains intervalles devient inévitable. Quelquefois aussi, le compositeur, quoique riche de toutes les ressources que peuvent présenter l'orchestre le plus nombreux et les chœurs les plus imposants, fait cependant marcher seulement à deux parties toute la masse des voix et des instruments, et produit ainsi des effets même très beaux.

§ 9.

BASSE FONDAMENTALE. — BASSE CHIFFRÉE.

On se sert, dans l'écriture musicale, de certains chiffres pour désigner les intervalles des accords, et ces chiffres se placent sur la partie de basse.

Cette désignation des accords par des chiffres placés à la basse se nomme écriture de basse fondamentale ou *basse chiffrée.*

On confond souvent l'idée de la basse fondamentale avec celle de la théorie de l'harmonie ; mais cette dernière, indépendamment de la basse chiffrée, a pour but plus spécial la connaissance des accords, la manière d'opérer leur succession et d'amener des modulations; elle s'occupe plus particulièrement des préceptes relatifs à l'art d'écrire purement à quatre parties. La théorie de la basse fondamentale ou *chiffrée*, au contraire, enseigne à transporter sur le piano ou sur l'orgue les harmonies indiquées à la basse par le compositeur au moyen des chiffres et de quelques autres signes, ce qu'on appelle exécuter sur la basse chiffrée. Exemple :

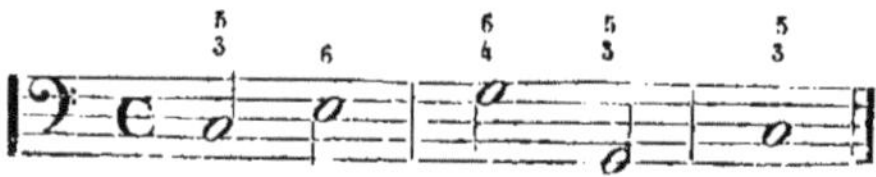

L'accord parfait, à sa première position, se désigne comme accord de tierce et quinte, $\begin{smallmatrix}5\\3\end{smallmatrix}$; mais ordinairement on supprime les chiffres pour cet accord, et, quand une note de la basse apparaît sans être accompagnée d'aucun chiffre, on comprend toujours que cette note est la tonique d'un accord parfait. La tonalité du morceau indique suffisamment si cet accord doit être majeur ou mineur. La seconde position de l'accord parfait est indiquée par un 6, parce que la tonique est devenue sixte; et la troisième, comme la tonique se trouve sur la quarte, par les chiffres suivants : $\begin{smallmatrix}6\\4\end{smallmatrix}$. Les trois positions de l'accord parfait :

seront donc indiquées de la manière suivante :

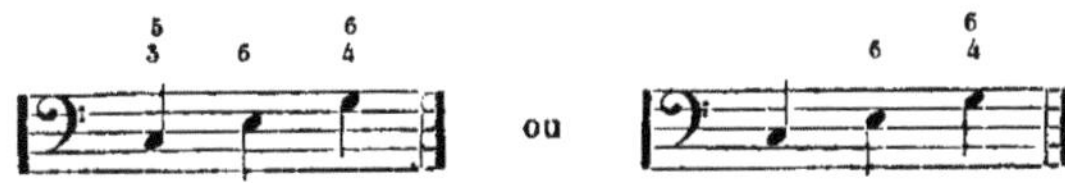

Les exemples ci-dessus se traduiraient alors ainsi :

La première position de l'accord de septième s'indique par le seul chiffre 7; la seconde position se chiffre $\begin{smallmatrix}6\\5\end{smallmatrix}$, parce qu'alors la septième devient quinte et la tonique devient sixte. La troisième position se chiffre $\begin{smallmatrix}4\\3\end{smallmatrix}$, parce qu'ici la septième devient tierce et la tonique devient quarte. Enfin, la quatrième position est indiquée par les chiffres 2 ou $\frac{4}{2}$, parce que, dans ce cas, la septième forme la basse et la tonique apparaît immédiatement au-dessus comme seconde. Les quatre positions de l'accord de septième :

seront donc indiquées de la manière suivante :

Ce qui précède suffira pour mettre le chanteur au fait des chiffres dont on se sert pour désigner les accords, et pour lui donner une idée claire de ce qu'on entend par ces mots : *basse fondamentale*, et *exécution sur la basse chiffrée.*

§ 9.

ACCORD FONDAMENTAL ET ACCORD DE DOMINANTE.

Tout accord qui repose sur la note principale d'une tonalité s'appelle *accord fondamental, accord sur la tonique.* C'est aussi celui qui se représente le plus fréquemment.

Après l'accord fondamental, ceux qu'on rencontre le plus souvent dans un morceau de musique sont ceux sur la quinte et sur la quarte de la tonique. L'accord sur la quinte du ton principal s'appelle *accord de dominante*, parce qu'il se présente plus souvent que tout autre, et que, par conséquent, il domine dans un morceau. La même raison a fait donner le nom de *sous-dominante* à la quarte ou sous-quinte. On le voit apparaître, non pas seulement comme accord parfait, mais encore comme accord de septième mineure. L'accord sur la quarte s'appelle *accord de sous-dominante,* et se présente comme accord parfait.

Accord fondam. Accord de domin. Accord fondam. Accord de sous-domin. Accord de domin.

§ 11.

INTERVALLES CONSONNANTS ET DISSONNANTS.

Si maintenant nous observons exactement l'effet que produit sur notre oreille un accord parfait ou un accord de septième, nous nous apercevrons aussitôt que l'accord parfait la laisse complètement satisfaite, tandis qu'au contraire l'autre accord contient une note qui jette sur le tout quelque chose d'incomplet, ce qui nous fait éprouver une espèce d'attente inquiète. Or, si nous remarquons que l'accord de septième se compose d'un accord parfait auquel on a joint une septième, et que l'accord parfait par lui-même ne nous a rien laissé à désirer, il sera évident pour nous que cette quatrième note ou *septième* est précisément l'unique cause de la différence qui nous frappe entre le second accord et le premier.

Toute émission simultanée de deux intervalles ou davantage éveille donc en nous un sentiment plus ou moins satisfaisant.

Ceux qui laissent notre oreille complètement satisfaite se nomment *intervalles consonnants*. On donne aux autres le nom de *dissonnants*.

Tout intervalle peut devenir consonnant ou dissonnant, suivant la manière dont il se trouve joint à d'autres intervalles. Aucun intervalle n'est en soi-même consonnant ou dissonnant. Celui qui est consonnant dans une tonalité peut devenir dissonnant lorsqu'on passe dans un autre ton.

Les intervalles dissonnants sont ceux qui ont une tendance à monter ou à descendre, et qui, par conséquent, demandent impérieusement à opérer leur résolution sur le degré le plus voisin, soit en haut, soit en bas. Ce sont ceux-là mêmes qui, dans l'accord, éveillent en nous un sentiment d'attente, et qui doivent se résoudre sur un intervalle consonnant, parce que notre oreille est pour ainsi dire inquiète et tourmentée jusqu'au moment où cesse la dissonnance. Dans l'émission simultanée de la tonique et de la septième mineure, par exemple, nous attendons impatiemment l'arrivée d'un autre intervalle ; il en est de même pour la septième majeure  et, même dans ce dernier cas, la résolution vers l'intervalle voisin est encore plus impérieuse que dans le premier exemple.

Dans de semblables cas, quelle est celle des deux notes qui produit en nous ce sentiment d'inquiétude et pour laquelle une résolution est une nécessité absolue? Lorsqu'un intervalle en appelle nécessairement un autre, quelle doit être sa marche, ascendante ou descendante? Doit-il marcher par degrés conjoints ou disjoints?

La réponse à toutes ces questions appartient aux règles de la composition; mais il serait inutile de renvoyer l'élève aux énormes in-folios écrits sur cette matière. Il y trouverait bien une longue série de graves préceptes rangés à la file les uns des autres, et d'après lesquels tel ou tel accord demande telle ou telle résolution. Mais quant aux raisons qui ont fait établir ces beaux préceptes, il n'en est nullement question. C'est ainsi que l'élève s'égare dans un labyrinthe inextricable de difficultés, sans jamais pouvoir saisir le fil conducteur qui l'amènerait à l'origine des règles qu'on lui impose toutes faites et qui le mettrait en état de comprendre clairement ce qu'il lit?

Sans aborder les règles de la composition, il est d'une utilité extrême pour le chanteur et pour tout musicien instruit de connaître la nature des accords ainsi que leur progression, et de se familiariser avec les lois fondamentales qui nécessitent leur marche.

§ 12.

MARCHE DES INTERVALLES.

Toute musique ne peut être perçue que par l'ouïe; ainsi les règles de la musique ne peuvent avoir été produites que par suite des exigences de l'oreille; c'est donc là que nous devons chercher la source de toutes les théories de composition musicale. Les lois fondamentales de la composition reposent sur deux causes premières : la nature des sons et l'impression qu'ils produisent.

Il ne faut qu'observer exactement la manière dont un son affecte notre oreille, suivant qu'il est uni à tel ou tel autre, pour sentir aussitôt quelle peut et doit être sa marche.

Les intervalles formés par des octaves, ou par la tonique accompagnée soit de la tierce majeure ou mineure, soit de la quarte, de la quinte, soit enfin de la sixte majeure ou mineure, sont des intervalles parfaitement consonnants. Exemple :

Il n'en est pas toujours de même avec la quarte qui est parfois intervalle dissonnant; il arrive souvent qu'elle demande impérieusemant à descendre sur la tierce. Exemple :

Quant aux intervalles majeurs ou mineurs de seconde et de septième, ils sont toujours évidemment dissonnants. Exemple :

Toute émission de sons formée par des intervalles consonnants peut cependant devenir dissonnante par l'élévation ou l'abaissement de l'un des intervalles qui la composent; c'est ainsi que tous les intervalles diminués ou augmentés nous frappent comme dissonnants.

Tout intervalle dissonnant contient une note qui demande à se porter, soit en montant soit en descendant, sur un intervalle consonnant. Si l'accord ne se compose que de deux notes, il est aisé de reconnaître laquelle des deux veut être changée de place. Exemple :

Ici, il est évident que c'est le *si*, septième d'*ut*, qui est l'intervalle dissonnant. Consultons maintenant notre oreille sur la tendance de cette note : nous nous apercevrons aussitôt que cette dissonnance cherche sa résolution, non pas en descendant sur le *la*, mais bien en montant sur l'*ut*. Le même effet se représentera dans toutes les autres tonalités. Exemple :

Un autre effet a lieu par la réunion formée de la tonique et de la septième mineure : Notre oreille nous avertira de suite que la septième mineure doit se résoudre, non en montant, mais bien en descendant.

Or, de cette exigence non douteuse de notre oreille résulte cette règle : que la *septième majeure* doit opérer sa résolution en montant d'un demi-ton, et que la *septième mineure* doit opérer la sienne en descendant un demi-ton.

Des intervalles augmentés ou diminués contiennent toujours un et souvent deux intervalles dissonnants. Si nous consultons encore l'effet qu'ils produisent, nous verrons aussitôt que les intervalles augmentés tendent à s'éloigner, tandis que les intervalles diminués demandent à se rapprocher l'un de l'autre, chacun de la distance d'un demi-ton. Exemple :

Intervalles augmentés.

Intervalles diminués.

On voit, par ce petit nombre d'exemples, que deux intervalles augmentés ou diminués demandent souvent une résolution simultanée. Cette résolution peut s'opérer de plusieurs manières, et c'est là une source infinie de richesses pour la modulation de l'harmonie.

§ 13.

ACCORDS CONSONNANTS ET DISSONNANTS.

De ce que nous venons d'entendre sur les intervalles consonnants et dissonnants, la signification des accords consonnants et dissonnants sera suffisamment établie. On nomme *accords consonnants* ceux qui sont formés par des intervalles dont la réunion laisse notre oreille complètement satisfaite. Ces accords sont donc composés d'intervalles qui ne demandent pas à changer de position ; ils produisent par eux-mêmes un effet complet et agréable. Si un seul des intervalles d'un accord tend à monter ou à descendre sur le degré suivant, nous sentons aussitôt le désir, le besoin impérieux d'arriver à un accord consonnant. Les *accords dissonnants* sont donc ceux qui sont formés par des intervalles dont la réunion éveille en nous le désir d'une résolution sur un accord consonnant, et qui, par conséquent, ne nous satisfont point complètement par eux-mêmes.

Nous voyons par là qu'il suffit d'un seul intervalle pour rendre dissonnant un accord consonnant et pour lui donner une direction tout autre, suivant la nature de la note ajoutée. Exemple :

Un accord consonnant peut donc exister sans dépendre d'aucun autre ; il n'en est pas de même de l'accord dissonnant, qui doit toujours être suivi d'un accord consonnant.

§ 14.

SOLUTION DES ACCORDS DISSONNANTS.

En observant attentivement les accords dissonnants, les règles de leur solution se trouvent d'elles-mêmes, ainsi qu'on a pu le voir à propos des intervalles. L'oreille distingue facilement la note dissonnante, et par conséquent aussi sa marche ou sa solution sur une note supérieure ou inférieure.

Par exemple, si l'on donne l'accord de septième :

il ne peut être mis un instant en doute que l'intervalle dissonnant *si bémol* demande à descendre sur *la*. Que si cette note se trouve déplacée par le renversement de l'accord, partout elle produira le même effet, et partout, dans tous les renversements, elle exigera la même solution.

Exemple :

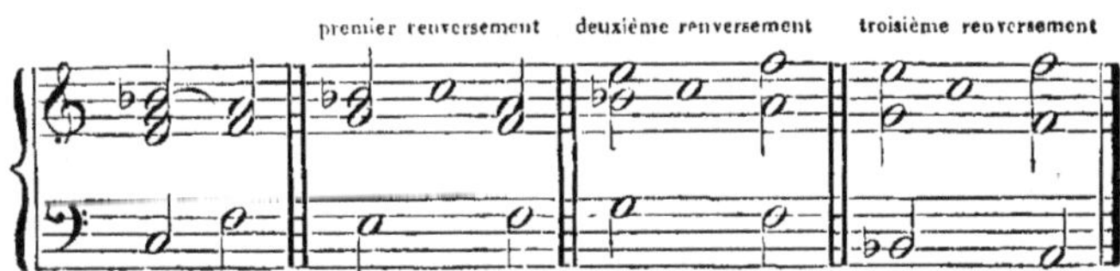

En écoutant cet accord de septième dans toutes ses différentes positions, on voit que *si bémol* cherche sa solution en descendant d'un demi-ton sur *la*.

Cette note, en descendant sur *la*, doit naturellement forcer les autres intervalles à changer de place et à se grouper, comme nouvel accord, autour de cet intervalle donné.

Dans l'accord avec la septième augmentée :

la septième cherche toujours sa solution en montant un degré plus haut, c'est-à-dire sur l'octave. Dans tous les renversements, le penchant de cet intervalle sera le même, et sa solution, d'après l'exigence de l'oreille, sera donc toujours la même.

L'accord de septième diminuée nécessite même souvent la solution de deux intervalles qui, tous deux, demandent un changement de place :

Chaque élève peut ici lui-même trouver la règle par laquelle la solution de ces intervalles doit avoir lieu. Il sait déjà que les intervalles diminués demandent à se rapprocher, tandis que les intervalles augmentés veulent être éloignés d'un demi-ton. Dans l'exemple ci-dessus, *si bémol* descend sur *la*, tandis qu'*ut dièse* monte sur *ré*. Les autres intervalles doivent nécessairement céder à cette exigence et se réunir autour de ces nouveaux intervalles.

Les mêmes observations s'appliquent à l'accord de neuvième, et la tendance des intervalles dissonnants donne à un élève attentif les règles de leur solution sans la moindre difficulté.

C'est là, me semble-t-il, la voie naturelle à suivre pour l'enseignement des accords et de leur marche. Il est certain que l'on ne se contente pas toujours de la simple solution de l'intervalle dissonnant. Souvent le compositeur le retient plus ou moins long-temps, ou, en lui donnant la solution demandée, il provoque une autre dissonnance sur un autre intervalle, selon qu'il cherche à produire tel ou tel effet. Tout cela dépend de sa conception individuelle ou de son inspiration momentanée.

Il n'y a pas d'autre moyen d'acquérir de la facilité dans cette manière de faire procéder les accords, que d'écrire beaucoup. Il me suffit d'avoir donné au chanteur une connaissance exacte de l'idée fondamentale qui doit diriger le compositeur dans la conception de son ouvrage. On ne demandera pas du premier de faire des compositions, mais on peut exiger qu'il comprenne celles qu'il exécute.

§ 15.

DES NOTES DE PASSAGE.

Dans le paragraphe précédent, nous avons vu naître, par la réunion de plusieurs accords, autant de mélodies différentes que les accords contenaient de notes. Exemple :

Les notes composant chacune de ces mélodies faisaient en même temps partie des intervalles de l'accord. La mélodie supérieure *la, sol, fa,* ainsi que la deuxième *fa, mi, ré*, la troisième *ut, si, la* et la quatrième *fa, ut, ré* sont toutes composées des intervalles de l'accord parfait sur *fa*, de l'accord de septième sur *ut* et de l'accord parfait sur *ré*. Ici, chaque note de la mélodie repose sur les accords *fa, ut, ré*, et fait partie de leurs intervalles ; la même chose arrive dans les exemples suivants :

Dans le premier, chaque note de la mélodie *sol, si, ré, si, sol* fait partie de l'accord ré si sol. Dans le second, toutes les notes de la mélodie appartiennent à l'accord sol mi ut. Ce n'est pas toujours le cas : une mélodie peut aussi contenir des notes étrangères à l'accord sur lequel elle repose. Car si une note harmonique est précédée ou suivie d'une autre qui ne l'est pas, alors on regarde cette note étrangère à l'harmonie comme accidentelle ou passagère, accompagnant la note principale, la note harmonique. On appelle ces notes : *notes de passage*. Par exemple :

sol et *si* appartiennent à l'accord de *sol*, mais *la* lui est totalement étranger ; *la* est donc couvert ici par *sol* et *si*, et, quoique étranger à l'accord de *sol*, il est supporté par lui à cause des intervalles qui l'entourent : *la* est donc ici la note de passage.

Dans l'exemple suivant :

c'est encore l'accord de *sol* qui doit supporter toutes les notes *la* et *ut*, quoiqu'elles ne lui appartiennent pas. Il arrive même que plusieurs notes successives doivent être regardées comme notes de passage :

Dans cet exemple, on trouve, outre *la* et *ut*, *mi* et *fa* dièse comme notes étrangères à l'accord de *sol*.

Les notes de passage sont encore augmentées dans l'exemple suivant :

Dans tous ces exemples, les notes de passage succèdent aux notes harmoniques ; mais il arrive souvent aussi qu'elles les précèdent. Exemple :

On remarquera facilement que, dans ce dernier cas, où les notes de passage apparaissent sur le temps grave de la mesure, elles sont beaucoup plus dures à l'oreille que dans les exemples qui précèdent, où elles se trouvent sur la partie légère des temps.

Il sera facile à l'élève de trouver, dans les exemples suivants, les notes de passage.

Tous ces exemples doivent être chantés par les élèves, et servir en même temps d'exercices de chant.

§ 16.

DES SUSPENSIONS.

Souvent aussi, les notes de passage se présentent sous une autre forme.

Exemple :

Dans cet exemple, la note accompagnée de ce signe ☞ est *ut*, quarte de *sol*, et cet *ut* est une note de passage. Ce n'est que sur la seconde moitié de l'accord qu'on entend en entier l'accord parfait de *sol*. Au moyen de cette note de passage, la perception pleine et entière de l'accord parfait se trouve en quelque sorte suspendue ou retardée ; aussi cet effet se nomme-t-il *suspension* ou *retard*.

Dans l'exemple ci-dessous, l'avant-dernier accord sur *ré* se trouve suspendu par le *sol* de la seconde partie, *sol* qui forme la quarte de *ré*. Ce *sol* doit donc se résoudre en descendant sur le *fa* dièse avant de pouvoir appartenir à l'accord de *ré;* mais cette résolution n'a lieu que dans la seconde moitié de l'accord. Jusque-là, l'accord de *ré* se trouve suspendu par le *sol* de l'accord précédent, qui forme ainsi une dissonnance extrêmement marquée.

Ainsi que nous le voyons par cet exemple, cette suspension est produite par une note qui appartient à un accord précédent, et qui se présente dans l'accord qui suit comme intervalle dissonnant. Par ce motif, les règles de la composition veulent que les dissonnances soient préparées, c'est-à-dire que les intervalles dissonnants aient été entendus comme intervalles consonnants dans l'accord précédent. C'est encore notre oreille qui nous donnera la clef de cette règle, car elle nous indiquera aisément qu'une dissonnance non préparée aura quelque chose de trop brusque, et produira nécessairement sur nous un effet singulier, pour ne pas dire choquant. L'oreille également nous enseignera que nous ne pouvons pas supporter long-temps l'effet produit par une telle dissonnance, et que cette note, qui sonne d'une manière si étrange, doit arriver à se fondre dans le nouvel accord. C'est cette fusion d'une note appartenant à un accord précédent avec les intervalles d'un nouvel accord qu'on appelle *résolution*. Les dissonnances doivent opérer une résolution, c'est-à-dire qu'elles doivent apparaître comme intervalles consonnants dans le nouvel accord. Maintenant, cette résolution doit-elle avoir lieu en montant ou en descendant? Ce point ne présentera pas la moindre difficulté, si, conformément aux observations faites à propos de la solution des intervalles, on consulte le penchant des notes vers l'intervalle suivant, ou en montant ou en descendant.

Il arrive souvent que plusieurs notes d'un accord forment à la fois des suspensions ou retards. Exemple :

Toutes ces dissonnances ne sont rien autre chose que des accords parfaits ou des accords de septième suspendus. Dans chaque nouvel accord, on trouve deux intervalles appartenant à l'accord précédent, et ce n'est qu'à la seconde moitié de l'accord que ces intervalles se confondent ensemble au moyen d'une commune résolution. Cette fusion des intervalles pourrait même n'avoir lieu que successivement, c'est-à-dire que les intervalles formant suspension pourraient n'opérer leur résolution que l'un après l'autre.

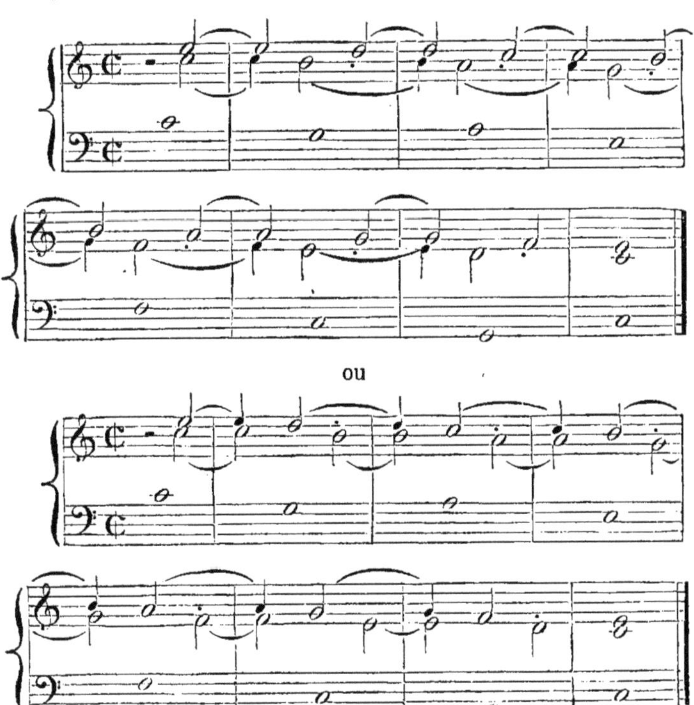

Il est aisé de voir que les suspensions sont une mine inépuisable de richesses pour les marches harmoniques, même dans le cas où l'on ne s'écarterait pas des simples accords parfaits et de septième.

Les suspensions peuvent avoir lieu aussi bien dans les renversements que dans la première position des accords. A la première position, l'octave est retardée par la neuvième, la quinte par la sixte et la tierce par la quarte; avec le premier renversement de l'accord, la sixte est retardée par la septième, etc., etc.

Il arrive encore souvent qu'on rencontre des intervalles formant des notes de complément d'un accord, et qui n'appartiennent ni à l'harmonie précédente, ni à celle qui suit:

Sur l'avant-dernier accord, *ré* et *si* se présentent comme notes de complément de *mi* et d'*ut*. Ces notes doivent être considérées comme notes de passage, et cette raison nous dispense de plus amples explications à cet égard.

Chacune de ces dissonances, produites tout simplement, comme nous venons de le voir, au moyen des suspensions, est successivement traitée comme un nouvel accord.

Si maintenant on consulte sur ce sujet les traités d'harmonie, on n'aura pas de peine à comprendre comment l'étude approfondie de l'art musical n'est abordable que pour un si petit nombre d'adeptes. A force de pédanterie dogmatique, on a trouvé moyen d'envelopper d'une obscurité presque impénétrable le point le plus clair, le plus simple, le plus facile à expliquer de tous ceux qui composent la théorie musicale.

EXERCICES.

1
A - - - - - - - - - - - - - men.
A - - - - - - - - - - - - - men.
2
A - - - - - - - - - - - - - men.
A - - - - - - - - - - - - - - - men.
3
Pu - e - ri He - bræ - o - rum ho - si - a - na cla -
Pu - e - ri He - bræ - o - rum cla -
- ma - bant.
ma - bant.
4
Al - le - lu -
A - - - - - -
ia! Al - le - lu - ia! A - - - - - men.
- - - - - men. Al-le-lu - ia! Al-le-lu - ia!
5
A - - - - - - - - - - - men.
A - - - - - - - - - - - - - men.

6
A - - - - - - - - - - - - - - -
A - - - - - - - - - - - - - - -
- - - - - - men. - Lauda, lau - da, Je -
- - - - - - men. Lau - da, lau - da,
7
- ru - sa - lem. Lau - da, lau - da, Je - ru - sa - lem.
Je-ru-sa - lem. Lau - - - da, Je - ru- sa - lem.
8
Sou-vent la beau - té fu-gi - ti - ve res - semble à
Sou-vent la beau - té fu-gi - ti - ve res - semble à
la fleur du ma - tin, qui, du front gla - cé du con-
la fleur du ma - tin, qui, du front gla - cé du con-
vi - ve, tombe a - vant l'heu - re du fes - tin.
vi - ve, tombe a - vant l'heu - re du fes - tin.

EXERCICES A TROIS VOIX.

4
A - - - men. A -
A - - - - - - -
A - men. A - - - - - -
- - - - - - - - - - - - - - men.
- - - - - - - - - - - - - - men.
- - - - - - - - - - - - - - men.
5
Durante.
Qui se - - - des ad dex - - - te-ram Pa -
Qui se - - - des ad dex - - - te-ram Pa -
Ad dex - - - te-ram
- - - - - tris, mi - se re-re no- - -
- - - - - - - tris, mi - - - se -
Pa - - - - tris, mi - - - se -

§ 17. — EXERCICES A QUATRE VOIX.

Après avoir traité la question des accords fondamentaux, après avoir parlé de leur renversement et des changements qu'ils peuvent subir par les notes de passage et les suspensions, il nous reste à en donner des exemples avec une harmonie complète, c'est-à-dire à quatre voix.

Par ces exemples, l'élève se renforcera dans la connaissance des accords et de leurs diverses positions; l'exécution lui en apprendra les effets.

Les premiers numéros qui vont suivre se composeront entièrement d'accords fondamentaux. L'effet qu'ils produisent est grave et religieux, et, en les chantant, on verra que rien ne saurait égaler le charme de ces compositions si simples et d'un caractère tout solennel.

Vi - ri jus - ti to - lun - tur, Et ne - mo
con - si - de - rat A fa - ci - e in - i - qui -
ta - tis! Sub - la - tus est jus - tus, Et
e - rit in pa - ce me - mo - ri - a e - jus, Et
e - rit in pa - ce me - mo - ri - a e - jus.
In pa - ce fac - tus est lo - cus e - jus

Et in Si-on ha - bi-ta-ti - o e- - - jus! Et e-rit in pa - ce me-
mo-ri-a e - jus, Et jus.
1re fois
2e fois
2
J. M.
SOPRANO.
ALTO.
TENORE.
BASSO.
Hé-las! en guerre a-vec moi-mê-me,
Où pour-rai-je trou-ver la paix? Je veux, et
n'ac-com-plit ja-mais, Je veux, mais, ô mi-sère ex-

trê - me! Je ne fais pas le bien que

j'ai-me Et je fais le mal que je hais.

3

MÉLODIE ALLEMANDE.

SOPRANO.
ALTO.
TENORE.
BASSO.

Le soir ra - mè - ne le si - len - ce; As-

sis sur ces rochers dé - serts, Je suis, dans le va-gue des

airs, Le char de la nuit qui s'a - van - ce. Tout à

coup, dé - ta - ché des cieux, Un ray - on de

l'as - tre noc - tur - ne, Glis-sant sur mon front ta - ci -
tur - ne, Vient mol - le - ment tou - cher mes yeux.
4
Grand Dieu! de-vant toi pros - ter - né, J'ad -
mi - re ta puis - sau - ce, De ton bras fort et
re - dou - té, Tu sou - tiens l'in - no - cen - ce. Bé -
cres.
cres.
nis - sant ton nom cha - que jour, Mon cœur, rempli d'un
cres.
cres.

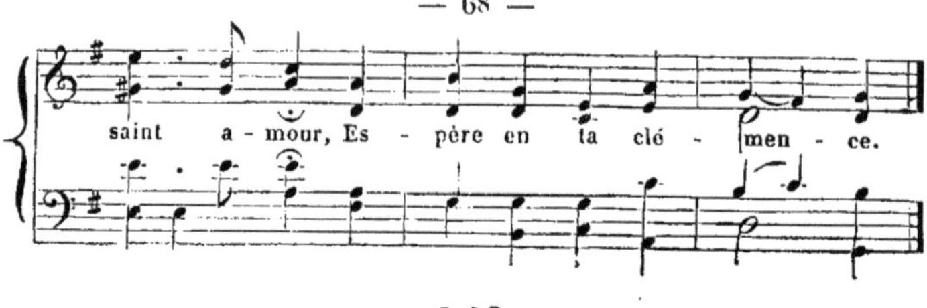

§ 18.

DE LA NOTATION.

Par les exemples précédents, l'oreille de l'élève doit s'exercer, afin d'être en état plus tard, en écoutant une mélodie, de distinguer aussitôt tel ou tel intervalle et de pouvoir l'écrire ou le *noter*. Mais cette *notation* doit être précédée de la parfaite connaissance des sons, de la conscience intime de leur élévation, de leur durée plus ou moins longue, de leur force. L'impression faite d'abord sur l'oreille se transforme ensuite en conviction intellectuelle, et le chant, jusque-là purement *mécanique*, devient *senti* et *réfléchi*, et se prépare ainsi à atteindre, comme art, le plus haut degré.

Pour apprendre à distinguer les sons d'après leur élévation, on peut commencer les exercices avec les intervalles des accords. On les chante d'abord sans la division en mesures, car il est déjà assez difficile pour une oreille peu exercée de reconnaître l'élévation de différents sons. Elle n'arrive qu'à force d'exercices successifs à les distinguer à la fois sous le triple rapport mélodique, rhythmique et dynamique.

Je conseille au professeur de chanter ou de jouer sur un instrument les intervalles des accords suivants, et de faire noter par l'élève les sons désignés.

Ces exercices doivent se faire dans les différents modes et tonalités, après lui avoir, toutefois, fait connaître l'accord fondamental.

Il est de toute nécessité d'étendre les exercices bien au-delà du petit nombre qui est indiqué ci-dessus. L'accord de chaque tonalité différente peut servir à cet usage. Peu à peu, on élargit ces études, qui d'abord n'étaient que purement mélodiques, jusqu'à faire distinguer la durée des notes et trouver la proportion qu'elles ont entre elles sous ce rapport; l'on arrive ainsi, par degrés, à connaître les temps graves et les temps faibles, et enfin à saisir, à la seule audition d'un morceau, la mesure qui lui est propre. C'est en commençant par marquer d'une façon particulière les temps graves que l'ouïe de l'élève parviendra à saisir avec facilité le caractère distinctif des mesures. On s'occupe d'abord de la mesure la plus simple, celle de $\frac{2}{4}$; aussitôt que l'on saura reconnaître le caractère de cette mesure, on saura bientôt distinguer celles de $\frac{3}{4}$, de $\frac{3}{8}$, etc.

Les exercices qui se trouvent dans la *Méthode de Chant pour les Enfants*, ou dans celle *pour voix d'Hommes*, sur les mesures de $\frac{2}{4}$, $\frac{3}{4}$, $\frac{3}{8}$, $\frac{4}{4}$, $\frac{6}{8}$, etc., peuvent très bien servir à faire des exercices sur la notation musicale. Là sont mêlés, il est vrai, les sons qui ne font pas partie de l'accord, mais quand on sait préciser les intervalles des accords, les notes de passage se trouvent sans aucune difficulté.

Je dois dire que je ne regarde ces indications que comme une direction donnée au maître ; l'aptitude, la capacité de l'élève doivent être le meilleur guide à suivre pour le choix des exercices de ce genre.

C'est par la notation que l'élève acquiert l'assurance indispensable pour le véritable chanteur ; c'est par elle aussi que s'éveille et que s'accroît en lui un sentiment plus intime de la musique. Généralement, on ne vise qu'à développer les organes, à rendre la voix ou la main le plus souples possible, et l'on ne s'inquiète malheureusement pas assez d'approfondir l'art et la nature de ses moyens. C'est seulement cette partie intellectuelle qui dirige toute véritable exécution artistique et qui lui donne le cachet particulier, l'accent de vérité, la vie intime de l'ame qui sont le charme le plus puissant de l'art musical.

§ 19.

DE LA MÉLODIE.

Aussitôt que l'élève note avec facilité et précision des mélodies quelconques, il lui est facile d'en trouver lui-même et de les écrire.

La première règle pour l'invention d'une mélodie est de fixer, avant tout, la tonalité, l'accord fondamental et les deux accords de dominante.

Une mélodie peut être formée par : 1° des notes composant les accords, 2° des notes harmoniques mêlées de notes de passage.

Rien que par l'accord parfait et ses renversements, on peut déjà produire une grande variété dans les mélodies dont on veut accompagner les paroles.

Ainsi, en prenant les paroles : *Le Tout-puissant*, nous pouvons obtenir, par les trois seules notes de l'accord parfait, à peu près les mélodies suivantes :

En donnant à une syllabe deux notes, la variété devient encore plus grande.

Toutes les mélodies précédentes finissent sur la tonique ; les mélodies deviennent plus nombreuses encore si on veut faire la cadence finale par la tierce ou la quinte.

Maintenant, si l'on voulait ajouter à l'accord parfait l'accord de dominante, et se servir alternativement des intervalles des deux accords, alors la mélodie aurait plus de variété et l'harmonie serait moins monotone. Je donne très peu d'exemples; l'élève pourra en trouver beaucoup d'autres.

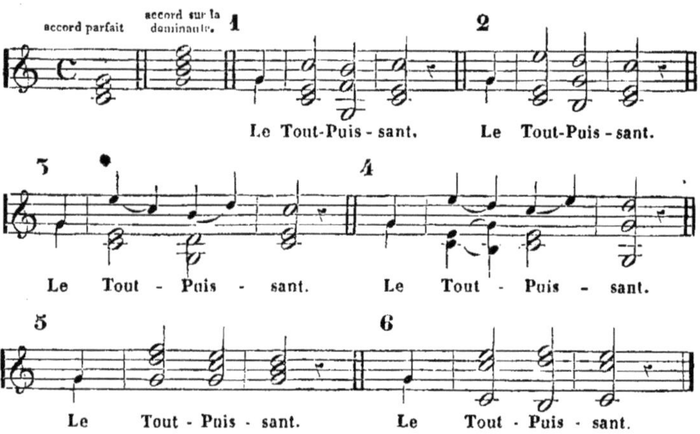

En ajoutant aux deux accords précédents celui sur la sous-dominante *fa*, la mélodie et l'harmonie gagneront encore davantage en variété.

Enfin, la mélodie sera plus riche et plus variée si, à côté de ces intervalles faisant partie de l'accord, on en fait paraître d'autres qui lui sont étrangers.

Mais, avant tout, il faut que l'accord fondamental soit arrêté; alors les notes étrangères, ou notes de passage, se trouvent facilement et se font distinguer des autres.

On peut voir, par ce peu d'exemples, comment les intervalles harmoniques sont entourés ou presque couverts par des sons de passage, et comment une mélodie, quelque riche, quelque ornée qu'elle soit par des notes accidentelles, peut être réduite à très peu de sons si on prend seulement les intervalles des accords sur lesquels elle est fondée.

D'après ces indications, il est facile au maître de faire faire par ses élèves des mélodies sur des paroles quelconques. Les exercices de ce genre doivent commencer, comme nous l'avons fait, par des mélodies composées des intervalles harmoniques, ensuite des notes de passage. Le professeur doit surtout recommander : 1° la variété dans les divers genres de mesures; 2° la diversité de sons et de modes. Pour que la mélodie ne soit pas née du hasard, mais basée sur la connaissance parfaite des accords sur lesquels elle est fondée, il faut que l'élève note en même temps les harmonies fondamentales.

Quoique les exercices de ce genre aient beaucoup d'attrait pour les commençants, parce que chacun en créant de petites mélodies se croit compositeur, il faut pourtant veiller à ce que l'élève ne s'y adonne pas exclusivement ; car les règles que j'ai données sont loin de suffire à la composition. Tous ceux qui savent trouver une mélodie ne sont pas pour cela des compositeurs.

J'ai besoin de joindre cet avertissement à ce paragraphe sur la mélodie. L'abus qu'on en pourrait faire n'exclut pas l'utilité des principes. Ne voulant pas former des compositeurs par mon ouvrage, mais des chanteurs, des chanteurs intelligents, j'exige qu'ils connaissent l'origine de la mélodie, qu'ils comprennent l'harmonie sur laquelle la mélodie se pose, qu'ils soient attentifs à la modulation, et qu'ils forment ainsi leur goût et leur talent. Plus tard, dans la troisième partie de cet ouvrage, *l'Art du Chant*, nous verrons que le chanteur est souvent forcé de modifier certaines phrases mélodiques, de simplifier ou d'enrichir d'ornements une mélodie, une cadence, un point d'orgue, selon son genre de talent et la plus ou moins grande flexibilité de sa voix. Cela devient nécessaire surtout dans le style moderne de la musique italienne.

§ 20.

DU CONTREPOINT.

Par les règles de l'harmonie, on apprend quels sons peuvent, généralement, être émis à la fois. Il faut maintenant indiquer comment on peut réunir deux ou plusieurs mélodies, et les faire marcher de front d'après les principes de l'harmonie. L'art de réunir plusieurs mélodies et de les faire marcher ensemble s'appelle le *contrepoint*.

Il y a diverses manières de procéder.

La première et la plus simple est celle où l'on fait marcher note contre note : *punctum contra punctum,* de là *contrepoint.* Exemple :

La composition où plusieurs notes brèves sont placées contre une note d'une plus grande durée est déjà plus compliquée. Les notes brèves peuvent être : 1° des notes appartenant à l'harmonie, ou 2° mêlées aux notes de passage. Exemple :

Si ces différentes mélodies sont composées de façon que l'on puisse changer les parties, c'est-à-dire que la partie supérieure puisse devenir partie inférieure, *et vice versâ*, ce genre de composition est appelé *contre-point double.*

Quand une mélodie renfermant des groupes de petites notes se présente pour marcher avec une autre mélodie plus large, on appelle cela *musique figurée, chant figuré (canto figurato).* On lui donne ce nom parce qu'une des parties est composée de petites phrases ou figures mélodiques qui accompagnent la mélodie principale.

Lorsque ces figures ont une certaine ressemblance entre elles, et qu'elles se reproduisent, on appelle ce chant figuré *chant imité* ou *imitation.*

L'imitation est-elle faite de façon qu'une phrase mélodique soit répétée sur la quinte supérieure ou la quarte inférieure, et qu'elle se fasse entendre alternativement avec le thème dans les différentes parties, on la nomme *imitation fuguée (fugue).*

Enfin, si la mélodie d'une partie se répète entièrement par une ou plusieurs autres parties sur un intervalle quelconque, on appelle cette imitation *imitation canonique* (*canon*).

Dans la fugue, l'imitation se fait seulement sur un intervalle donné, la quinte supérieure ou la quarte inférieure; dans le canon, elle se fait sur tous les intervalles.

Dans la fugue, le thème, d'après la règle, ne dure que jusqu'à ce que l'imitation commence. Dans le canon, toute la mélodie, d'un bout à l'autre du morceau, est thème et doit être imitée exactement sans aucune déviation de l'intervalle sur lequel l'imitation se fait. Le canon est donc l'imitation la plus stricte, la plus rigoureuse.

EXERCICES.

4
A

5
A
6
A
men.
7
A

8
Al - le - lu - ia, al-le-lu - ia. A - - - men,
Al - le-lu - ia, al - le-lu-ia, al-le-lu -
9
a - men, a - men. En - fants du mê -
ia, al-le-lu - ia. A - men. A - - - - - - -
me Dieu, Tous les hom - mes sont frè - res.
10
A - - - - - - - - - - - - - -
A - - - - - - - - - - - - - -

11
la
12
O mon Dieu! que ma pri - è - re Mon - te vers toi
O mon Dieu! que ma pri - è - re Mon - te
cha - que jour, Et qu'à mon heu - re der -
vers toi cha - que jour, Et qu'à mon heu-re der - niè - re,
niè - re, Je m'en-dorme en ton a - mour, Je m'en-dorme
Je m'en - dorme en ton a - mour, Je m'en -

13

en ton a - mour. Peuples frappez des mains ! le
dorme en ton a - mour. Peu - ples, frappez des
roi des rois s'a - van - ce. Peu - ples, frap-pez des mains ! le
mains ! le roi des rois s'a - van ce. Peuples, frap-pez des mains ! le
roi des rois s'a - van-ce. Peuples, frap - pez des mains !
roi des rois s'a - van-ce. Peu-ples, frap-pez des mains ! le
peuples, frap - pez des mains ! le roi des rois s'a - van - ce, le
roi des rois s'a - van - ce, le roi des rois s'a - van-ce, le
roi des rois s'a - van - ce, s'a - van - ce.
roi des rois s'a - van - ce, s'a - van - ce.
14
Sei - gneur, dans ta gloire a - do - ra - -
Sei - gneur, dans ta gloire a - do - ra -

§ 21.

DE L'IMITATION.

L'imitation d'une phrase mélodique dans une, deux ou plusieurs autres parties peut se faire sur tous les intervalles, sur l'*unisson*, sur la *seconde*, ou la *tierce*, la *quarte*, etc.

Cette imitation prend le nom de l'intervalle sur lequel elle est faite : *imitation de seconde* ou *de tierce*, etc.

On appelle aussi la partie imitante *la réponse*, par opposition avec la partie principale que l'on nomme *thème*.

Lorsque l'imitation se fait sur un intervalle, de telle sorte que la réponse soit, comme dans les fugues et les canons, toujours dans la même distance que le thème, on l'appelle *imitation rigoureuse*. Si l'imitation se fait tantôt sur un intervalle, tantôt sur l'autre, elle prend le nom d'*imitation libre*.

EXERCICES.

2
3

4

Fr. Schneider.

5

Hiller.

6
ALBRECHTSBERGER.

7
Weimar.
8
Hiller.

9
Weimar.
Un jour tombe, un au - tre se lè-ve, Le printemps va s'é-
Un jour tombe un au - tre se
va-nou-ir ; Cha - que fleur que le vent en - lè - ve Nous
lè-ve ; Chaque fleur que le vent en - lè - ve Nous dit :
10
J. M.
dit : hâ-tez-vous d'en jou - ir.
hâ - tez - vous d'en jou - ir.

11
J. M.
12
J. M.

13
J. M.
14
J. M.

15
J. M.

16
J. M.
17
J. M.
Lauda Je - ru - sa - lem, Je - ru - sa - lem, Je -
Je - ru - sa - lem, Je - ru - sa - lem, Je - ru - sa -
ru - - sa - lem, lau - da Je - ru - sa - lem.
lem. Do - mi - num ! Lau - da Je -

EXERCICES A TROIS VOIX.

48 DURANTE, 1693-1756.

ten - - - tem, om - ni - po - ten - tem
fac - to - rem cœ - li et ter -
ræ, om - ni - po - ten - - - tem fac - to - rem
fac - to - rem cœ - li et ter - - -
ræ, fac - to - rem cœ - li et ter - ræ, fac - to - rem
cœ - li et ter - - - - - - ræ, et ter - ræ,
ræ, fac - to-rem, cœ - li et ter -
cœ - li et ter - ræ, fac - to - rem,
cœ - li et ter - - - ræ,
ræ. - - - - - - - - - - -
cœ - - li et ter - ræ.
fac - to - rem cœ - li et ter - - - - - ræ.

MOTET.

19

JANNACCONI, 1760.

Ca - li - cem, ca - li - cem,
am, ac - ci - pi - am, ac - ci - pi - am.
am, ac - ci - pi - am, ac - ci - pi - am, ca - li-cem
sa - lu - ta - ris. Ca - li - cem,
Ca - li - cem, ca - li - cem
sa - lu - ta - - - - ris, ca - li - cem, ca - li-cem,
ca - li - cem sa - lu - ta - - -
sa - lu - ta - - - - - - - - - ris ac -
ca - li - cem sa - lu - ta - ris, sa - lu - ta - ris,
- - - ris ac - ci - pi - am, ac - ci - pi - am,
ci - pi - am, ac - ci - pi - am, ac - ci - pi - am.
ac - ci - pi - am, ac - ci - pi - am et sa - cri - fi -

ca - - - - - - - - - - - - - - - -
Et sa-cri-fi - ca - bo, Et sa-cri - fi - ca - bo
bo, et sa - cri-fi - ca-bo, et sa - cri-fi - ca -
hos-ti-am lau - dis.
Et sa-cri-fi - ca - bo, et
bo hos - ti - am lau - - dis sa - -
sa-cri-fi-ca-bo hos-ti-am lau-dis, sa-cri-fi-ca - -
- cri-fi-ca-bo,
sa

Sa-cri-fi - ca - - - - - -
- - - - - - bo.
ca - bo, et sa - cri - fi - ca - - -
- - bo, sa - cri - fi - ca - - - - - - -
sa - cri - fi - ca - - - - - - - - - - bo,
- - bo, sa - cri - fi - ca - - bo.
- - bo, sa-cri-fi - ca - - - - - - bo, sa-cri-fi-
sa-cri-fi-ca - - - - - - bo, sa-cri-fi-ca - bo,
sa-cri-fi - ca - bo,
ca - bo hos - ti - am lau - dis.
sa-cri - fi - ca - bo hos - ti-am lau - dis, sa-cri - fi - ca - -
lau - dis sa - cri - fi - ca - -

sa-cri-fi - ca - - - - - - - -
- - - - - - - bo,
- - - - - - - bo, sa - cri-fi - ca - - - -
- bo, sa - cri - fi - ca - - - - - - -
sa - cri - fi - ca - - - - - - - - - - - bo,
bo, sa - cri - fi - ca - - bo.
- bo, sa - cri - fi - ca - - . - - -
sa - cri - fi - ca - - - - - - - - - bo,
sa - cri - fi - ca - - bo, sa - cri - fi -
- bo, sa-cri-fi - ca - bo hos - ti - am lau -
sa-cri-fi-ca - bo, sa-cri-fi-ca - bo hos - ti - am lau -
ca - bo, sa-cri - fi - ca - bo, sacri-fi - ca - bo hos-ti -

dis, hos - ti - am lau - - - - - dis.
dis, hos - ti - am lau - - - - - dis.
am, hos - ti - am lau - - - dis.
20
MATHEI.
Et vi - tam ven - tu - ri, ven - tu - ri sæ - cu - li
A - men. Et
A - - - - - - - - - - - - - - - -
a-men, a - - - - - - - - - - - men, a - -
vi - tam ven - tu - ri, ven - tu - ri sæ - cu - li, a-men, a -
- - - - - - - - - - - - - - men.
- - - - - - - - - - - - men, a - -

men, a
a
men, a
men, a
men. Et vi - tam ven - tu - ri, ven - tu - ri sæ - cu - li,
men, a
men,
a
a - men, a
men, a
men. Et vi - tam ven - tu - ri, ven
men, a
men, a
men, a

tu - ri sæ - cu - li, a - men, a
men,
men, a
men, a - men, a
A
men, a - men. Et vi - tam ven-
men. a -
men, a - men, a-
tu-ri,ven-tu-ri sæ-cu-li, a-men, a
men. Et vi - tam ven-tu - ri, ven-
men, a

tu - ri sæ - cu - li, a - men, a - - - - - - -
- - - - men, a - - - - - - - - -
- - - - - men.
- - - - - - men, a - - men,
- men, a - - - - men, Et vi - tam ven-
A - - - - - - men, a - -
a - . - - - - - - men, a - - - -
tu - ri, ven - tu - ri, sæ - cu - li, a - men, a - - -
- - - - - - - - - men.
- - - men, a - - - - men, Et
- - - - men, a - - - - - - - - -
a - - - - - - - - - -

vi - tam ven - tu - ri sæ - cu - li, a -
- - - - men, Et vi - tam ven - tu - ri, ven -
- - - - - - - men, Et
men, ven - tu - ri, ven - tu - ri, ven -
tu-ri sæ-cu-li, a - men, a - - - - -
vi - tam ven - tu - ri, ven - tu-ri sæ-cu-li, a - - -
tu - ri sæ - cu - li, a - - men, a - -
- - - - - men, a - - - - - - -
- - - - - men, a - - - - -
- - - - - - - - men, a -
- - - - - - - - men, a - - -
- - - - - - - men, a - men, a -

EXERCICES A QUATRE VOIX.

tus. Do-mi-nus De-us Sa - ba - oth. Ple - ni sunt
tus. Do-mi-nus De-us Sa - ba - oth.
tus. Do-mi-nus De-us Sa-ba - oth.
tus. Do-mi-nus De-us Sa - ba - oth.

cœ - li et ter - ra glo - ri - a tu - - - a. Ho-
Ple-ni sunt cœ - li et ter - ra glo - ri - a tu - a.
Ple - ni sunt cœ - li et ter - ra glo - ri - a
Ple - ni sunt cœ - li et ter - ra

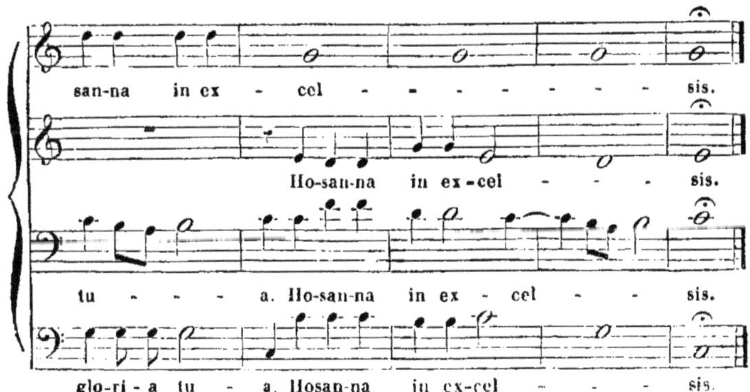
san-na in ex - cel - - - - - - - - - sis.
Ho-san-na in ex - cel - - - sis.
tu - - - a. Ho-san-na in ex - cel - - sis.
glo-ri - a tu - a. Hosan-na in ex-cel - - - sis.

KYRIE.

J. M.

Ky-ri-e e - lei - son, e - lei -
Ky - ri-e e - lei - son, e - lei - -
Ky - ri - e e - lei - son, e - lei - - -
son,
Ky - ri - e e - lei - son, e - lei - - -
son,
son, Ky-ri - e e - lei - son, e - lei - -
Ky - ri-e e - lei - son, e - lei - -
son,
Ky - ri-e e - lei - son, e - lei - -

son, Ky-ri-e e - lei - son, Ky - ri - e e -
son, Ky-ri-e e - lei - son, Ky - ri - e e -
Ky - ri-e e - lei - son, e - lei - son, e lei - son, e -
son, Ky-ri - e e -
lei - son, Ky-ri - e e - lei - son, e -
lei - son, Ky-ri - e e - lei - son, e -
lei - son, Ky-ri - e e - lei - son, e -
lei - son, Ky-ri - e e - lei - son, e -
dolce
lei - son, e - lei - son, e - lei - son, Chris-te e -
lei - son, e - lei - son, e - lei - son.
lei - son, e - lei - son, e - lei - son,
lei - son, e - lei - son, e - lei - son, Chris-te e -

lei - son, e - lei - son, Chris-
dolce
e - lei son, Chris-te, e - lei - son,
dolce
e - lei - son, Chris-te, e - lei - son, Chris-te, e-
lei - - son, Chris - te,
p dolce
te, e - lei - son, Christe, e - lei - son, e - lei-son, e - lei -
dolce
Christe, e - lei p - son, e - lei - son, e - lei-son, e - lei -
lei - - son, e - lei-son, e - lei -
p dolce
Chris - te, Christe, e - lei - son, e - leison, e - lei -
son. Chris - te, e -
son. Christe, e - lei - - son, e - lei -
son. Chris-te, e - lei - - -
son. Chris te, e - lei - - son, Chris - te, e -

lei - - son, Christe, e - lei - - son, e - lei -
son, e - lei - son, e - lei-son, e - lei -
son, e - lei - son, Christe, e - lei - son, e - lei-son, e - lei -
lei - - son, Chris-te, e - leison, e - lei - son, e - lei-son,
son, Chris - te, e - lei - son, Chris-te, e - lei - son, e -
son, Chris-te, e - lei - son, e - lei - son, e -
son, Chris-te, e - lei - - son, Chris-te, e - lei - son, e-
son, Chris - te, Chris-te, e - lei - son, e-
dolce
lei - son, Christe, e - lei - - son.
dolce
lei - son, Christe, e - lei - - son. Ky - ri - e, e -
lei - son, e - lei - son.
lei - son, Chris - te, e - lei - son. Ky - ri - e, e -

Ky - ri - e, e - lei - son, e -
lei - son, e - lei - son.
Ky - ri - e, e - lei - son, e-
lei - son, e - lei - - son.
lei - - son, Ky-ri-e, e - lei - son, e - lei - -
Ky - ri-e, e - lei - son, e - lei - -
lei - son, Ky - ri-e, e - lei - -
Ky - ri-e, e - lei - son, e - lei - -
f son, Ky-ri-e, e - lei - son, e - lei - - son,
f son, Ky-ri-e, e - lei - son, e - - - lei -
f son, Ky-ri-e, e - lei - son, e - lei - - son, e -
f son, Chris - te, e - lei - son, e - lei -

AVE MARIA.

PEROTTI.

A - - - ve, a - - -
- - mi-nus te - - - - - cum,
- - - - - - - mi-nus te - -
- - - - - - - mi-nus te - -
ve, Do - - - - - - - mi-nus
Do - - - mi-nus te - - - -
cum, Do - mi - nus te - cum, Do - mi - nus te -
cum, Do - mi - nus te - cum, te - - -
te - cum, Do - mi - nus te - cum, Do - mi-nus te -

cum be-ne - dic - ta tu in mu - li - e - ri - bus,
,cum be-ne - dic - ta tu in mu - li - e - ri - bus,
cum be-ne - dic - ta -
cum, be-ne - dic - ta

et be-ne - dic-tus, et be-ne -
et be - ne - dic-tus fruc - tus
tu in mu - li - e-ri-bus, et be-ne - dic-tus,
tu in mu - li - e-ri-bus, et be - ne - dic-tus

dictus fruc - tus ven-tris tu - i Je - sus.
ven-tris, fruc-tus ven-tris tu - i Je - sus.
et bene-dictus fructus ven-tris tu - i Je - sus.
fruc - tus ventris, et bene-dictus fruc-tus ventris tu i Je - sus.

MAGNIFICAT.

CASALI.

num, et e-xul-ta-vit, e-xul - ta - vit spi - ri-tus me -
num.
num. Et ex-ul-ta-vit, ex-ul-
num.

us in De - - o. Sa - lu -
Et ex-ul-ta-vit, ex-ul - ta - vit spi - ri-tus me -
ta - vit spi - ri-tus me - us in De - - o,
Et ex-ul-ta-vit, ex-ul-

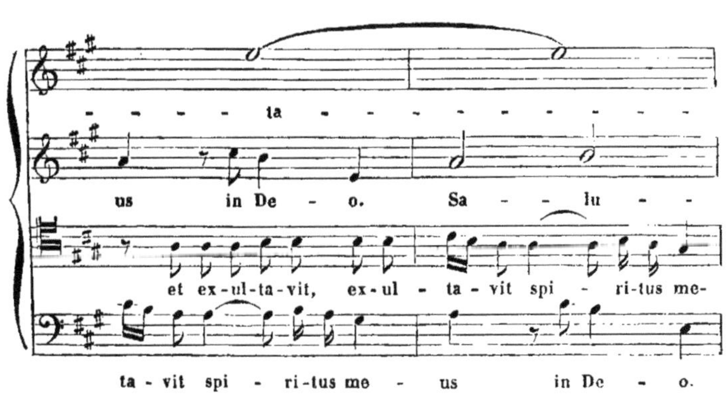
ta
us in De - o. Sa - - lu - -
et ex-ul-ta-vit, ex-ul - ta - vit spi - ri-tus me-
ta - vit spi - ri-tus me - us in De - o.

ri, sa - lu - ta - ri me - -
ta - ri me - o, sa - lu - ta - ri me - - -
us, in De - o, sa - lu - ta - - ri me -
Sa - lu - ta - ri, sa - lu - ta - ri me - -
o, qui-a res - pe - xit. Hu-mi-li - ta - tem, an-
o. Hu - mi - li - ta-tem, an - cil - læ,
o, qui - a res - pe - xit, an - cil - læ
o. Hu-mi-li - ta - tem,
cil - læ su - æ, an - cil - læ su - æ.
su - æ, an - cil - - læ su - æ.
su - æ, an - cil - læ su - - æ. Ec - ce
hu - mi - li - ta - tem, an - cil - læ su - æ.

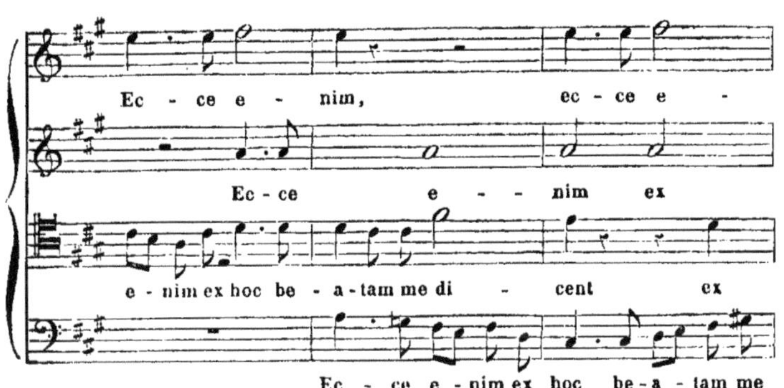
Ec - ce e - nim, ec - ce e -
Ec - ce e - - nim ex
e - nim ex hoc be - a - tam me di - cent ex
Ec - ce e - nim ex hoc be - a - tam me

nim ex hoc be - a - tam me di - cent om -
hoc be - a - tam me di - cent
hoc be - a - tam me di - cent om - -
di - cent ec - ce e - nim ex hoc be - a - tam me

nes ge - ne - ra - ti - o - - nes, om-nes
om - nes ge - ne - ra - ti - o - nes,
nes, om - nes ge - ne - ra - ti - o - nes,
di - cent om - nes ge - ne - ra - ti - o - nes, om-nes

§ 22.

FUGUE. — CHANT FUGUÉ.

Dans le § 10, nous avons désigné la *fugue* sous la dénomination générale d'*imitation*. Lorsque l'imitation se fait sur un intervalle fixe, la quarte ou la quinte, on l'appelle *imitation fuguée*. Par exemple, si le thème ou le sujet de la fugue étaient cette phrase :

l'imitation sur la quarte inférieure serait donc :

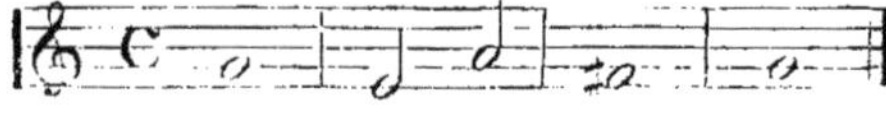

et celle sur la quinte supérieure :

De même, l'imitation du thème :

serait :

Aussitôt que l'imitation sur la quinte ou sur la quarte commence, la première partie forme, par le contrepoint, une opposition qu'on appelle *contre-sujet.*

Il est important de ne pas confondre la fugue avec le *thème fugué* (*fugato, fughetta*). On entend par *fugue* un thème répété dans toutes ses parties et travaillé sous toutes ses faces, et *fugato* désigne la composition où le thème est simplement répété une ou deux fois, comme dans les exercices suivants à deux parties, où un grand développement du thème ne serait guère possible.

Dans la fugue, le thème apparaît tantôt allongé par des notes longues, tantôt raccourci par des notes brèves, souvent l'un et l'autre à la fois, et souvent aussi renversé. Bref, dans la fugue se montrent tous les artifices, toute la partie scientifique de l'art.

Une fugue qui a deux sujets s'appelle *double fugue.*

EXERCICES.

1 RINK.

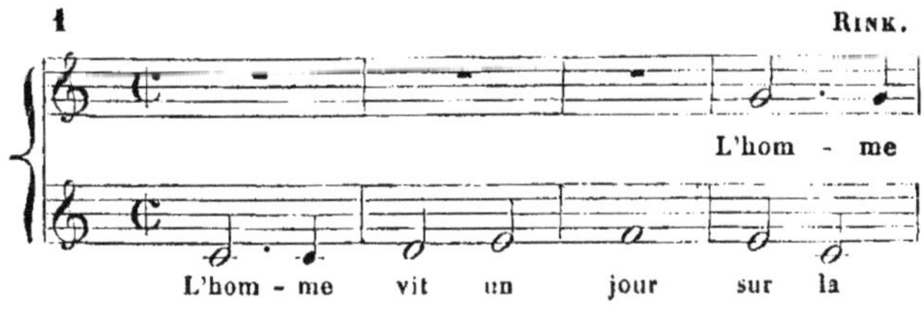

vit un jour sur la ter - re En -
ter - - - - - - - - - - - re
tre la mort et la dou - leur.
En - tre la mort et la dou - leur.
2
GRAUN.
Toi qui con -
Toi qui con - nais tous mes mal - heurs, Tu sais si
nais tous mes mal - heurs, Tu sais si j'en mur -
j'en mur - mu - - re, Tu sais si
mu - re, Si j'en mur - mu - re.
j'en mur - mu - re, Si j'en mur - mu - re.
3
RINK.
L'u - ni - vers tout en - tier, l'u - ni - vers
L'u - ni - vers tout en -

tout en - tier te re - con - nut, te re - con-
tier te re - con - nut, te re - con - nut pour roi, Te
nut pour roi, Et l'homme en
re - con-nut pour roi, Et l'homme en t'a - - do -
t'a - - do - rant s'in - cli - na de - vant toi, Et
rant s'incli-na de - vant toi, De - vant toi, Et
l'homme en t'a - do - rant s'in - cli - na de -
l'homme en t'a - do - rant s'in - cli - na de -
vant toi, S'in - cli - na de - vant toi.
vant toi, S'in - cli - na de - vant toi.
4
Rink.
Si j'ai mau -
Si j'ai mau - dit les dons que j'ai re - çus de toi, Dieu

dit les dons que j'ai re - çus de toi, Dieu, qui lis dans les
qui lis dans les cœurs, par - don - ne - moi. Si j'ai mau - dit les
cœurs, par - don - ne - moi, Par - don - ne -
dons que j'ai re - çus de toi, Par - don - ne - moi, Dieu,
moi, O Dieu! par - don - ne - moi.
qui lis dans les cœurs, O Dieu, par - don - ne - moi.
5
J. M.
Lau - da Si - on sal - va - to - rem
Lau - da Si - on sal - va -
lau - da Si - on sal - va - to - - rem, lau - da
to - rem, lau - da Si - on sal - va - to - -
Si - on sal - va - to - rem, lau - da, lau - - - da
rem, lau - da Si on sal va - to - rem, lau - - - - - -

Si-on sal - - - va - to-rem, lauda Si-on sal-va-
da, lau da sal - va to-rem, lau-da Si-on sal-va-
to - - rem, lau - da Si-on sal-va-
to - - rem, lau - da Si - on sal-va - to-rem, sal-va-
to-rem, lau - da Si-on sal - - - va-
to-rem, lau - - - - da, lau-da sal - va-
to-rem, lau-da Si-on sal-va - to - rem, lau - - da
to-rem, lau-da Si-on sal-va - to - rem, lau - da
Si-on sal - va - to - - rem, lau - da Si-on sal-va-
Si-on sal - va - to - - rem, lau - da, sal-va-
to-rem, lau - da Si - on sal - va - to - - rem!
to rem, lau - da Si - on sal va - to - - rem!

6

HILLER.

A - - - - - - - - - men,
A-men, a - -
a-men, a - - - - - - - -
- - - - - men, a - men,
men, a - men, a - - - - -
a - - - - - - - - - men,
men, a - - - - - - - -
a - - - - - - - - - - - - -
men, a - men, a - - -
men, a-men, a - - - - - - - - - -
- - - - - - - - - - - - men.
- - - - - - - - - - - - - - men.

7

Fuchs.

Lau - da Je -
Lau - da Je - ru - sa - lem Do - - -
ru - sa - lem Do - - - - - - - -
- - - - - - - - mi - num, lau-da Do -
mi - num!
Lau - da Je -
- - - - - - - - - - - - mi - num!
ru - sa - lem Do - - - - - - - - -
Lau - da Je - ru - sa - lem Do -
- - - - - - - - mi - num!
Lau -
- - - - - - - - mi - num! Lau - da Je -
da Je - ru - sa - lem Do - -
ru - sa - lem Do - - - - - -

mi - num!
mi - num!
8
RINK.
Glo-ri - a in ex - cel-sis, glo-ri - a in ex -
Glo-ri - a in ex - cel-sis,
cel - sis, glo - ri - a in ex - cel - cis, in ex -
glo - ri - a in ex - cel - sis, glo - ri - a in ex -
cel - sis. Glo - ri - a in ex - cel - cis. Al-le -
cel - sis, in ex - cel - sis. Al-le - lu
lu - ia, al-le - lu - ia, al-le - lu
ia, al-le - lu - ia, al-le - lu - ia, al-le - lu -

ia, al - le - lu - ia, al - le - lu - ia.
ia, al - le - lu - ia, al - le - lu - ia!
9
GEBHARDI.
Dieu que l'Hé - bron con - naît, Dieu que Cé-
dare a - do - - - re, Ta gloire à ces
Dieu que l'Hé - bron con-
ro - chers ja - dis se dé - - voi-
naît, Dieu que Cé - dare a - do - - - - - -
la, Ta gloire à ces ro - chers se dé -
re, Ta gloire à ces ro - chers ja -
- voi - la; Sur le som-met des monts nous
dis se dé - voi - la: Sur le som-met des

te cherchons en - co-re, Sur le som-met des monts nous
monts nous te cherchons en - co - - re, Sei - gneur,
te cherchons en - co - - re, Sei-gneur, ré-ponds - nous,
ré - ponds-nous, es - tu là? Sei-gneur, ré-ponds - nous,
es - tu là? Sei - gneur, ré - ponds-nous, es - tu là?
es - tu là? Sei - gneur, ré - ponds-nous, es - tu là?
10
GEBHARDI.
Viens gui - der mes pas vers la tom - be
Viens gui - der mes pas vers la tom - be Où ton ra - yon,
Où ton ra - yon s'est a - bais - sé,
Où ton ra - yon s'est a - bais - sé, Où cha-que
Où chaque soir mon ge-nou tom -
soir mon genou tom - - be, sur

be, Sur un saint nom presque ef - fa -
un saint nom presque ef - fa - cé, Presque ef - fa -
cé, Sur un saint nom presque ef - fa - cé.
cé, Sur un saint nom, presque ef - fa - cé.
11
J. M.
Pu - e - ri He-bræ - o-rum ho - si - a-na cla - -
Pu - e - ri He-bræ-
mabant, cla - ma - bant. Pu - e - ri He-bræ -
o-rum, ho - si - a - na, ho - sí - a-na, cla-ma - bant.
o-rum, ho - si - a-na fi - li - o
Pu - e - ri Hebræ - o - rum ho - si - a - na fi - li - o
Da - vid! Pu - e - ri Hebræ - o - rum cla -
Da - vid! Pu - e - ri Hebræ - o - rum cla - ma -

ma - bant, cla - ma-bant ho - si - a - na fi - li - o
bant, cla - ma-bant, ho - si - a - na fi - li - o
Da - vid! ho - si - a - na fi - li - o Da - -
Da - vid, ho - si - a - na fi - li - o Da - -
vid! Pu - e - ri He-bræ - o - rum cla - ma-bant, cla -
vid! Pu - e - ri He-bræ - o - rum cla -
ma - bant, ho-si - a - na fi - li - o Da - vid, ho-si -
ma - bant, ho-si - a - na fi - li - o Da - vid, ho-si -
a - na fi - li - o Da - - - vid!
a - na fi - li - o Da - - - vid!
12
J. M.
Ou - vrez-moi mon der-nier a - si - le; Là
Ou - vrez-moi

j'ai dans l'ombre un lit tran-quil - le, Lit pré-pa - ré par
mon der - nier a - si - le ; Là, j'ai dans l'ombre un
mes dou - leurs, par mes dou - leurs. Là, j'ai dans l'ombre un
lit, un lit tran - quil - le, Là, j'ai dans l'ombre un
lit tran-quil - le, J'ai un lit tran - quil - le, Lit
lit tran-quil - le, J'ai un lit tran - quil - le,
pré - pa - ré par mes dou-leurs, par mes dou - leurs.
Lit pré - pa - ré par mes dou - leurs, par mes dou - leurs.
13
TELEMANN, 1730.
Sanc - tus, Sanc - tus, Sanc - - tus, Do -
Sanc - tus, Sanc - tus Sanc - - - - - - -
- - mi - nus De - us Sa - ba - oth, Sanc - tus
- - - - tus, Do - - - mi - nus De -

De - us Sa - ba - oth.
- - - us Sa - ba - oth. Ple-ni sunt
Ple - ni sunt
cœ-li et ter - ra, glo - ri-a tu - a,
cœ - li et ter - ra, glo - - ri-a tu -
Ple - - ni sunt cœ - li et ter - ra
a. Ho - san - na, Ho - san - na. Ple-ni sunt
glo - ri - a tu - - - - a. Ho san - -
cœ - li et ter - - ra glo - - - ri - a
- - - - - - na. Ple-ni sunt cœ-li et ter -
tu - a. Ple - ni sunt cœ - li et ter - - ra glo -
ra glo - - - - - ri - a tu - - -

- ri a tu - - - a, Ho - san - na, ho - san -
- - - a, Ho - san - - na, ho -

- - na in ex - cel - cis.
san - na in ex - cel - cis.

14

Lau-da Je - ru - sa - lem Do -
Lau-da Je - ru - sa -
Lau-da Je - ru - sa - lem Do - mi - num!

- - - mi - num! lau - da, lau - da,
lem Do-mi-num! lau - da, lau - da, lau - da,
lau-da Je-ru-sa-lem, lau - da, lau - da, lau

Lau - da Je-ru-sa - lem,
Lau - da Je - ru - sa - lem, Je-ru-sa - lem,
da Je - ru - sa - lem, lau - da Je - ru - sa-lem, lau - da, lau -
lau - da Je - ru - sa - lem, lau - da Je - ru - sa-
lau - da Je - ru - sa - lem, lau - da Je - ru - sa-
da Je - ru - sa - lem, lau - da Je - ru - sa - lem, lau-
lem, lau-da Je-ru-sa-lem, Do - mi - num, Do - mi - num.
lem, lau - da Je-ru-sa-lem, Do - mi - num, lau - da, Do-mi-num.
da, lau - da Je-ru-sa-lem, Do-mi-num, lau - da, Do-mi-num.
FRAGMENT DU LAUDA JERUSALEM DE CALDARA.
1670—1763.
ALTO.
Lau - da Je - ru - sa - lem, Do - mi -
num, Lauda, lau-da De-um tu-um, De - um tu-um Si -
TÉNOR.
Lau - da Je - ru - sa - lem Do-mi-

on Lau - da De - - - um tu - um Si -
num. Lauda, lau-da De-um tu-um, De - um tu - um Si -
Basso.
Lau - da Je - ru - - sa - lem Do - mi-

Soprano.
Lau - da Je - ru - - sa - lem Do - mi -
on.
Lauda, lauda Deum
on. Lau - da De - - - - um tuum Si -
num, lauda, lau-da Deum tu-um, De - um tu - um Si -

num. Lauda, lauda De-um tu-um, De - um tu-um Si - -
tuum. Lau - da Je - ru - sa - lem Do - - mi -
on.
Lauda, lauda De-um
on.

on. Lauda, lauda De-um tu-um Si - -
num. Lauda, lau-da De-um tu - um, De-um tu-um Si -
tuum, Lauda lauda Deum tu - um, De - um tu - um Si -
Lauda, lauda Deum tuum, Lauda, lauda Deum tu - um Si -
on. Quo - ni - am con - for - ta - vit se - ras por -
on. Quo - ni - am con-for - ta - vit
on.
on.
ta - rum tu - a - rum. Be - - ne - di - -
se - ras por-ta - rum tu - a - rum. Be - - ne -
Quo-ni-am con-for-ta-vit se - ras por-
Quo-ni - am confor-ta-vit

xit Fi - li - is tu- is, be - ne - di -
di - xit Fi - li - is tu - is, Fi - li - is
ta - rum tu - a - rum. Be - ne - di - xit
se - ras por - ta - rum tu - a - rum. Be - ne - di -
xit Fi - li - is tu - is in te,
tu - is, Fi - li - is tu - - is in te,
Fi - li - is tu - is, Fi - li - is tu - is in te, qui
xit Fi - li - is tu - is, tu - is in te, qui po - su -
qui po - su - it fi - nes tu - os pa - -
qui po - su - it fi - nes tu - os pa -
po - su - it fi - nes tu - os, fi - nes tu - os pa -
it, fi - nes tu - os, fi - nes tu os, pa -

cem.
cem. Si - cut e - rat in prin-ci - pi - o, et nunc, et nunc et
cem. Si - cut
cem.
sem - - - - - - - - - per, et nunc et
e - - - rat in prin-ci - pi - o, et nunc, et nunc et
Si - cut
Si - cut
sem - - - - - - - - - - per,
sem - - - - - - - - - - per, et nunc, et
e - - - rat in prin-ci - pi - o, et nunc et nunc et

e - - rat in princi - pi - o, et nunc, et nunc et
et nunc, et nunc et semper, si - cut
sem - - - - - - - - - per,
sem - - - - - - - - - - per,

sem - - - - - - - - - per,
e - rat in prin-ci - pi - o et
et nunc, et nunc et sem - - - -
et nunc, et nunc et

et nunc, et nunc et sem - per, et in
nunc, et nunc et sem - - - - - - - per,
- - - - - - - - - - - - - per,
sem - per, et nunc, et nunc et sem - - - per,

sæ-cu-la sæ-cu-lo-rum in sæ-cu-la sæ-cu lo-rum a -
et in sæcu-la sæ-cu - lo-rum, a -
et in sæ-cu-la sæcu-lorum, a-
a - men,
- - - - men, a - men.
- - - - - men,
- - - men, a - men, et in sæ-cu-la sæ-cu-lo - rum
a - - - men, a - men, et in sæ-cula sæ-cu-
et in sæ-cu - la sæ-cu-lo - rum, a - -
et in sæ-cu-la sæ-cu - lo-rum, sæ - cu -
A -
lo-rum, a - -

- - - - men, a - - - - - - - - - - -
lo-rum, amen, a-men, a - - - - - - - - - - - -
- - - - men, a - - - - - - - - - - -
- - men, a - men, a - - - - - - - - - - -
- - - - - - - - - - - - - men, a - - -
- - - - - - - - - men, a - -
- - - - - - - - - - - - men, a - -
- - - - - - - men, a-men, a-men, a-men, a-men, a -
- - - - - - - men, a - - - - - - men.
- - - - - men, a - men, et in
- - - - - - - - - - - men, et
- - - - - - - - - - - - - men,

§ 23.

DU CANON.

Le *Canon* est l'imitation la plus rigoureuse, car il faut que le même thème soit imité ou plutôt se répète dans une seconde partie, ou davantage, sans aucun changement.

L'imitation en canon n'est bas bornée, comme l'imitation fuguée, à un seul intervalle; elle peut avoir lieu à l'unisson, à la seconde, à la tierce, à la quarte, à la quinte, à la sixte, à la septième et à l'octave.

Il y a aussi des canons où une voix chante le thème tel qu'il est prescrit pendant qu'une autre chante le même thème au rebours, c'est-à-dire en le commençant par la fin. De telles compositions sont des jeux savants, des jeux de calcul et d'adresse bien plus que des œuvres d'art, et elles ne méritent aucune place dans un traité sérieux.

Quand le canon est à l'unisson ou à l'octave, on l'écrit souvent sur une seule portée; seulement on indique par le signe $ quand la deuxième partie doit commencer. Par exemple :

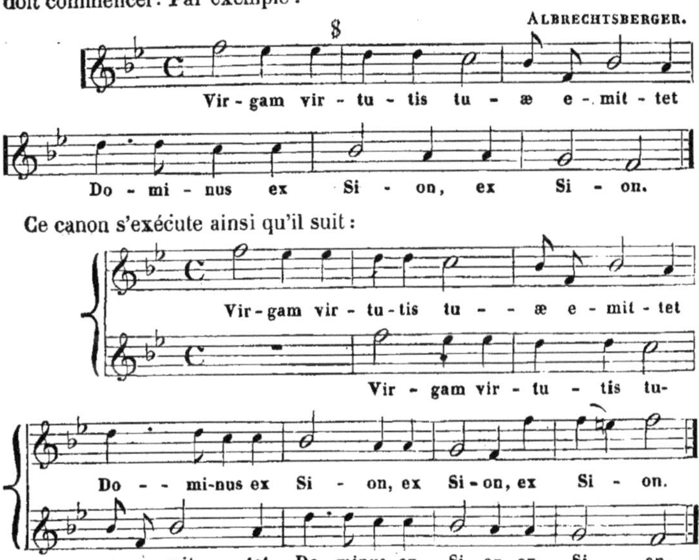

Ce canon s'exécute ainsi qu'il suit :

Comme l'exécution du canon présente rarement autant de difficultés que celle des fugues, je n'augmenterai pas davantage le nombre des exemples pour ne pas agrandir le volume. On trouve, du reste, des canons dans toutes les anciennes compositions.

Pour conclure, et pour la rareté, je joins ici le célèbre canon de Byrde[1].

(1) Ce canon, composé il y a trois cents ans, se chante en Angleterre à presque toutes les grandes solennités, à tous les banquets.

FIN DE L'ÉCOLE CHORALE.

MUSIQUE TYPOGRAPHIQUE DE TANTENSTEIN ET CORDEL, 90, RUE DE LA HARPE.

www.ingramcontent.com/pod-product-compliance
Ingram Content Group UK Ltd.
Pitfield, Milton Keynes, MK11 3LW, UK
UKHW021058270726
13994UKWH00009B/452

9 782329 462165